KB272542

괴테
아포리즘

두려움이라는 감각을
실천이라는 행동으로 변화시킬 때
인간은 내면의 성숙을 맞는다

김민준 지음

자화
상

곁에서 호흡하는 사유, 괴테 철학

이 책의 글은 단순한 지식의 전달에 머무르지 않습니다. 오래된 사유를 오늘날의 지혜로 다시 확장시키기 위한 하나의 시도이며, 그 축적된 고민과 사유의 결실입니다. 기존의 해석과 정리에 안주하지 않고 오늘을 살아가는 사람들이 마주하는 불안과 선택, 관계와 자아의 문제를 괴테의 관점과 나란히 놓아보려 했습니다.

이를 통해 읽는 이가 삶을 보다 더 깊이 이해하고 스스로를 헤아릴 힘을 기를 수 있기를 바랐습니다. 오래된 문학의 가치는 이미 완결된 문장 속에 고정되어 있는 것이 아니라 시대의 변화 속에서 끊임없이 새롭게 해석되

고 당대의 지식과 어우러지며 비로소 충분히 무르익는
데 있다고 생각합니다.

그러한 의미에서 괴테의 아포리즘은 과거의 산물이
아니라 지금 이 순간에도 여전히 곁에서 호흡하는 사유
의 형태, 즉 계속해서 자신을 형성하고 있는 지혜라고 볼
수 있습니다. 괴테의 문장들은 자기 삶을 형성해 가고자
하는 이들에게 하나의 동기이자 실천의 출발점이 될 수
있습니다. 지식에 대한 탐구는 결국 자신에 대한 갈망과
맞닿아 있지요. 흩어지기 쉬운 일상의 조각들과 우리 주
변을 이루는 의미 있는 생각들을 단단히 붙잡기 위해서
는 무엇보다 스스로에게 질문을 던지는 시간이 필요합
니다.

그 질문은 때로 조용하고 느리게 다가오지만 결국 삶
의 방향을 다시 세우는 힘이 됩니다. 이 책에 담긴 문장
들은 어떤 절대적인 정답을 제시하기 위함이 아니라, 자
신을 깨달아가는 과정 속에서 자연스럽게 스며드는 질
문으로 여겨지길 바랍니다. 책을 읽는다는 행위는 단순
히 교훈과 격언을 받아들이는 시간을 넘어 자신의 감정
과 이성을 조율하고 삶을 보다 더 주체적으로 이해하기
위한 하나의 방법이 될 수 있습니다.

　　노력하는 한 인간은 방황한다는 괴테의 문구처럼 자
신의 가능성을 믿고 스스로의 철학을 만들어 가는 모든
이에게 부디 이 글이 선량한 친구이자 따뜻한 조언자가
되기를 희망합니다.

김민준

차례

괴테
아포리즘

추구하는
존재로서의 인간

인간은 끊임없이 무언가를 추구하는 존재입니다. 그리고 그 과정에서 수많은 고난과 시련을 마주하게 되지요. 괴테의 작품 《파우스트》는 이러한 내적 동기로 끊임없이 추구하는 인간의 행태에 대한 미학이 담겨 있습니다. 인간의 내적 충족이 어려운 이유는 비록 같은 인간임에도 저마다의 욕망이 서로 상충하여 정반대를 지향하거나, 꿈과 목표가 지극히 이치에 맞는 절차를 생략한 채로 계속하여 생성되는 등 합리성과 논리성과는 거리가 먼 자극들이 꾸준히 나타나기 때문입니다.

그것은 인간이 완성된 존재가 아니라는 방증인 동시에, 오히려 그 끊임없이 미완의 상태에 놓인 현상이야말로 인간다움이라는 것을 알려주는 근거입니다. 인간은 계속하여 자기 한계를 시험하고자 노력합니다. 안주하는 현실에서 눈을 돌려 내가 모르는 어떤 관심, 긴장, 욕망으로 걸어가 방황의 순간을 만끽하고자 합니다.

그것은 결핍으로 여겨질 수도 있고, 위대함의 초석이 되기도 합니다. 마찬가지로 그 방황은 생의 역동성에 대한 징표이지요. 예컨대 이상과 현실의 충돌을 정면으로 맞이하는 인간은 고통을 생의 가능성으로 승화시킵니다. 우리는 그러한 존재를 자기 확장형 인간, 실존적 모험가, 계속하여 지향하는 존재 등으로 부르곤 합니다. 형식과 명칭을 불문하고 끊임없이 자기 내적 동기를 추구하는 자, 그 행위를 불안이 아닌, 발견으로 읽어낼 수 있는 자에게는 언제나 큰 가능성이 주어집니다.

그리하여 마침내 그 가능성을 실재하는 경험과 내적 만족으로 형성해 나가기 위해선 결핍을 동력으로 불안을 연료로써 내 안의 실체를 탐구하고자 하는 열의가 필요한 것입니다.

방황에
단계적 재인식

"내 가슴속엔 두 개의 영혼이 깃들어 하나가 다른 하나와 떨어지려 하네."

이는 《파우스트》 속에 등장하는 문장으로 작품 전체를 관통하는 이야기의 서막이자, 방황하는 자의식을 묘사하는 대사입니다. 작품 속에서 파우스트는 단순한 지식의 축적으로는 진리라는 경지에 도달할 수 없음에 좌절하지만, 끝내 욕망에 대한 자신의 태도를 확립하고 구원에 이르게 됩니다.

그 과정은 방황의 역사이며, 좌절과 재발견 그리고 마침내 구원에 이르는 시점마저도 하나의 지나가는 연속되는 시간의 점일 뿐 끝없이 자신의 욕망을 고찰하는 과정이 필요합니다.

이야기 속의 파우스트는 방황에 대한 인식을 점차 재정립합니다. 첫 번째 단계에서 방황은 부정적 상황으로 인식되며 길을 잃었다는 감각과도 같이 불안과 공허의 심리를 조장합니다. 나아가 두 번째 단계에서 욕망과 이성에 대한 충돌을 인식하고, 자신의 길을 선택하고 때때로 자신의 행동에 따른 결과를 수용하는 태도를 보이기도 합니다. 마지막 단계에서 방황이란 욕망을 추구하는 과정의 주된 요소이며 계속해서 이를 도구로서 활용하고자 하며 도달 그 자체보다 지향하고자 하는 자세를 가능성 그 자체로 인식하게 됩니다.

이를 현실에 적용해 보면 인간에게는 각자 나름의 방황이 존재하며, 그 방황이 성숙하는 과정 중에 다음 단계로 전환되는 계기를 만날 수 있습니다.

방황의 첫 단계에서는 단순한 실패, 갈등이 지속되어 주된 요인을 환경의 탓으로 돌리거나 외부에서 찾게 되기도 합니다. 이후 '나는 왜 이 방황을 지속하고 있는가?'라는 질문을 마주하는 순간, 방황은 두 번째 단계로 전환됩니다.

이 방황 속에서는 불완전함을 인정하고 완벽한 해답이 아니라, 모순들 속에서도 나름의 진실이 있음을 믿고 마침내 두려움이라는 감각을 실천이라는 행동으로 변화시킬 때 마지막 단계인 성숙한 방황을 맞이할 수 있습니다. 성숙한 방황의 단계에서는 어느 하나의 목표를 완전한 성공이라고 인식하지 않으며 추구 자체가 삶의 방향이 됩니다.

요약하면 방황이란 결국 인식하는 법에 따라 그 의의를 달리하는 것이며 결국 무언가를 새롭게 인식한다는 것은 새로운 세상을 마주하는 것만큼 거대한 일이라는 것입니다. 방황을 그저 혼란한 상태로 여기면 외부 세계는 그저 미비하고 의심스러운 곳이지만 방황을 성찰로 받아들이면 외부의 의심을 자기 내면으로 가져올 수 있습니다. 그리하여 방황을 도구이자 감각을 정교하게 만드는 장치로 구별할 수 있다면, 그것은 결단으로 더 높은 차원의 상태로 변모되어 계속하여 우리를 욕망과 연결하는 기회로서 받아들여질 것입니다.

행동하는 사람만이
경험을 소유한다

인간은 끊임없이 생각하지만 그 모든 것이 현실로 이어지진 않습니다. 대부분의 아이디어는 어느새 사라져 버리고 기껏 고찰해 오던 생각들도 막연한 가능성에 갇혀 있는 경우가 많습니다. 그렇다면 무엇이 그러한 생각을 현실의 영역으로 이끌어 오는 걸까요?

그 차이는 형태를 만들어 가는 행위에 달려 있습니다. 아무리 좋은 아이디어라고 해도 그것만으로 충분하지 않습니다. 생각은 그 자체로는 힘이 없기 때문입니다. 그것에 방향을 설정하고 외형을 설계하여 실현하는 힘, 그러한 생각을 외부로 이끌어 오는 것이 바로 실천입니다.

제아무리 완성도가 있는 생각도 실천으로 옮기면 불완전한 상태를 경험합니다. 사실은 바로 그 불완전성에 대한 두려움 때문에, 생각의 출현이 가로막혀 있는 것입니다. 머리로는 이해가 되어도 현실에서 적용되지 않으면 그것은 어디까지나 가능성으로 시작되지 못한 채로 사라집니다.

그러나 아무리 작은 형태와 불완전한 방식이라고 해

도 그것이 외부에서 드러난다면 그 가능성은 실제로 시작된 것으로 볼 수 있습니다. 따라서 복잡하고 정교한 생각이 아니라, 단순하고 명료한 생각이 실천의 힘을 지닙니다. 단순한 것의 반복으로 복잡함을 상쇄하는 것이 실천의 기본 원리라는 사실을 기억해야 할 것입니다. 끝내 행동하는 사람만이 경험을 소유합니다.

나의 기쁨은
영원하지 않다

괴테는 만족을 본디 순간적인 감각으로 영원하지 않음으로 인식했습니다. 그것은 일종의 경유지인 셈이지요. 오늘날 현대인은 과거에 비해 더 적극적으로 자기만족을 추구하려는 경향이 있지만 그러한 경향 자체가 진정한 만족을 가져다줄지는 아무도 장담하지 못합니다.

너무나도 많은 관문을 지나왔다고 스스로 인지할 만큼 현대인은 자기 인생에 열정적이었으나 그것이 정작 보장하는 게 그리 많지 않음을 깨달을 정도이지요. 그리고 기대의 충족은 또 하나의 성취에 대한 욕구로 이어지고 그 성장 과정은 끊임없는 반복을 이룹니다. 현대인의 우울은 그 영원한 고리의 어느 지점에서 '자신이 지금 무엇을 하고 있는지'에 대한 자각 없이 맹목적인 흐름에 속할 때 더욱 깊어지는 것이지요.

그러나 변화를 발견하지 못하는 것은 아닙니다. 이는 매번 같은 상황의 반복만이 있는 것은 아니라는 의미입니다. 누군가는 한 차원 더 높은 차원의 만족을 경험하여, 조금씩 자기만족의 형태를 오직 자신뿐만이 아닌, 나를 둘러싼 주변 세계로 확장하기에 이릅니다. 이러한 확장은 단순히 개인의 성취에 그치지 않고, 더 넓은 세계와의 연결을 통해 이루어집니다.

그것은 나의 일회적인 만족이나 외부 세계에 대한 우월감을 위한 도전이 아니라, 지속적인 행복을 지켜 내기 위한 기품 있는 투쟁에 가깝습니다. 이 투쟁의 핵심에는 공감이라는 도구가 자리 잡고 있습니다.

공감은 단순히 이해하는 수준에서 그치는 것이 아니라, 자신의 세계를 타자와 잇는 연결고리로서 작용합니다. 그리고 그 연결고리가 점차 확장되고, 나라는 존재가 어느 정도의 책임을 유지할 정도의 규모로 고착화하면, 그때 우리는 자기만족과 타자에 대한 사랑과 연민의 중간지점에서 이 세계를 우러러볼 정도의 시야를 지니게 됩니다. 이러한 시야는 우리로 하여금 더 깊은 이해와 포용의 자세를 갖추게 하며, 이는 곧 삶의 질을 높이는 데 기여합니다.

소유의 기쁨은 일시적이고, 채움의 행복은 지속되는 세계를 보여 줍니다. 내 인생을 위해 행하던 그 열정이 단순히 외형적 기쁨을 이루기 위한 수단에 그치는 것이 아니라, 나의 세계를 이루는 그릇, 내 세계의 범위 자체를 굳건히 하는 방향으로 지속되어야 합니다. 그리한다면 계속되는 욕망의 연결고리 속에서도 나를 잃지 않고 나다움을 지켜 낼 수 있는 시야를 확보할 수 있습니다. 이는 결국, 개인의 성장을 넘어 사회와의 조화로운 관계를 형성하는 데 기여하게 됩니다. 이러한 조화는 개인의 내적 성숙과 사회적 책임감을 동시에 발전시키며, 궁극적으로는 더 나은 사회를 만드는 데 이바지합니다.

스스로를 형성하는 존재, 인간

인간은 자신을 다스릴 수 있을 만큼만 자유로우며, 자신이 이해하는 것만큼 인지할 수 있습니다. 인간은 스스로를 만들어 가는 존재이기 때문입니다. 그 과정에서 우리는 감정이 향하는 길과 이성이 좇는 길이 조화를 이루는 일에 집중해야 하지요.

둘 중 어느 것 하나 중요하지 않은 것이 없고, 무엇 하나를 더 맹신할 수도 없습니다. 인간은 내부에서 뿜어져 나오는 감정을 그대로 흘려보내거나 강제로 억누르지 않고 이성을 통해 새로운 모습으로 형성하는 과정이 필요합니다.

이성과 연루되어 새롭게 형성된 감정은 잔잔한 형태로 자기중심에 위치하게 됩니다. 예컨대《젊은 베르테르의 슬픔》의 베르테르는 감정을 절대화함으로써 스스로를 파괴의 길로 이끌었지만, 《파우스트》의 파우스트는 방황과 충동을 이성과 결합하여 더 큰 지향으로 확장해 나갑니다. 그 차이는 감정의 크기에 있지 않고, 감정을 다루는 태도에 있습니다.

　결국 괴테가 추구하는 인간상은 감정을 억누른 차가운 존재도, 이성을 거부한 격정의 인간도 아닙니다. 감정과 이성이 서로를 형성하며 긴장 속에서 공존할 때, 인간은 비로소 자기 자신을 넘어 성장할 수 있습니다.

교양이란 무엇인가

교양이란 나를 쌓아 가는 일입니다. 그것은 소유나 확보의 개념이라기보다는 '이루어 가는' 개념으로 보는 편이 더 알맞을 것입니다. 예컨대 교양이란 흔히들 무언가 특별한 것을 더한다는 인식이 있지만 실상은 덜어 내는 일에 가깝습니다. 오늘날 교양의 다른 표현은 일관된 자기 절제라고 보아야 하기 때문입니다.

끊임없이 노력하는 자만이 자신을 형성해 갈 수 있습니다. 욕망이나 감정이 없는 사람은 없겠지요. 그러한 자기 안의 뻗어 나가는 의지와 감각을 이 세계에 유익한 형태로 변형하는 능력이 바로 교양입니다.

생각의 사례는 실로 다양하겠지만 대부분의 사람은 한 번쯤 비도덕적으로 행동하고 싶은 순간을 경험합니다. 그만한 이유가 분명 존재하지요. 아무도 보지 않을 때, 두 손에 짐이 너무 많아 쓰레기를 길거리에 버리고 싶다거나, 내가 한 실수를 다른 이들이 전혀 모를 때 모른 척 넘기고 싶은 충동이 바로 그러한 것이지요.

어쩌면 그런 생각 자체가 이상한 것은 아닙니다. 대부

분의 사람은 누구나 편한 방향으로 상황을 유리하게 해석하고 싶어 하기 때문입니다. 그러나 교양은 그 충동을 억제하며 아주 일관되게 자기 절제를 실천하는 의지입니다. 단순히 도덕의 규범으로 강요되는 것이 아니라, 자기 의지의 힘으로 순간을 조절하는 힘이지요.

이따금 우리에게 필요하던 인생의 이정표는 이제껏 지속되어 온 그 교양의 과정 중에 발견할 수도 있을 것입니다. 오직 순간을 잘 다스리는 자만이 긴 인생 또한 알맞게 다스릴 수 있기 때문입니다.

버텨 내는 힘

무언가를 멈추고 싶을 때 나 자신에게 어떤 질문을 던지곤 하나요. 잘 산다는 것은 감정에 매몰되지 않고 이성의 방향이 지나친 냉소로 향하지 않도록 끊임없이 질문을 던지는 일과도 같습니다. 요즘은 많은 것이 기술적으로 쉬워졌다고는 하나, 실제로는 무수한 어려움이 세밀하게 주변을 둘러싼 시대이기도 합니다.

오랜만에 방문한 서울의 풍경은 도시의 우울함이 여실히 드러나 있었습니다. 때마침 이 책을 쓰고 있을 때여서, '괴테라면 이 도시의 표정을 보며 무슨 질문을 던질까?' 하는 생각이 들었습니다. 사람들은 바로 옆에 있는 대상과 대화를 나누지 않고 각자 이어폰과 스마트 기기에 몰두하며 어디론가로 향하고 있었지요. 그런데 실제로 자신의 삶이 어디로 향하고 있는지 제대로 알고 있는 사람은 드물 것입니다.

지나친 성취 압박, 관계의 단절, 남들과 나에 대한 비교로부터 오는 공허함. 그 모든 것이 유년 시절에는 이렇게까지 많지 않았을 텐데 말이에요.

역시나 인생의 본질이 그러한 자잘한 슬픔으로 이루어져 있음을 부정할 수 없습니다. 그러나 괴테라면 그 감정을 슬픔 속에 가라앉게끔 가만 내버려두지는 않았으리라 하는 생각이 들 따름입니다. 아이러니한 현상이 있다면, 현대인은 때로 자신의 슬픔을 소비하고, 그것을 과시하기도 하며, 슬픔을 통해 공감을 받는 행위를 자기 위로의 형태로 인식하기도 한다는 것입니다.

인생의 많은 부분이 슬픔과 우울함으로 이루어져 있다면 그것이 꼭 부정적인 느낌으로만 치부되어서는 안 되겠지요. 슬픔은 때로는 나를 단단하게 만드는 시간으로 작용하기도 합니다. 공허함은 오랜만에 자신의 진정한 모습을 바라볼 소중한 기회일 수도 있지요. 모든 것이 빠르게 변하는 세상입니다만 나를 알아가는 일은 정도(程度)만이 있습니다.

살아간다는 것은 계속된 부조화에 대한 각자의 저항이지요. 이 감정이 나를 어디로 이끌어 갈 것인가, 언제, 어떻게 진정 솔직함으로 이 현실을 자신에게 투영할 수 있는가는 자기 삶의 방향을 결정합니다.

지하철 창에 무표정하게 비친 얼굴들 속에서 이윽고 자신을 발견하였을 때, 마침내 괴테의 문장이 반짝였습니다.

"친애하는 친구에게, 모든 이론은 회색이고 삶의 황금빛 나무만이 푸르다."

아무리 대단한 이치라도 스스로에게 진정 지혜로 뿌리내리지 않을 때 큰 의미가 없는 것으로 스쳐 갑니다. 내 안의 파괴되지 않을 지탱하는 힘을 길러 내기 위해, 계속하여 움직이고 물으며 살아가야 함을 필연적으로 받아들일 뿐입니다.

행복의 조건

‘행복의 조건은 무엇인가?’, 더 나아가 ‘행복이란 소득과 비례하는가?’에 대한 질문은 언제나 인간의 삶에 주요한 주제로 등장합니다. 분명 안정적 소득은 사람이 살아가는 데에 필요 불가분의 요소이며 동시에 돈이라는 것은 인간의 적극적 활동에 주요한 동기로 작용하지요. 그러나 반대로 ‘부의 축적이 행복을 보장하는가?’에 대한 물음 앞에서 괴테는 “삶에 만족하기 위해서는 필요한 만큼의 부가 필요할 뿐이다.”라고 답할 따름입니다.

행복은 실로 수많은 요소로 이루어져 있으며 부의 축적은 그 일부이자 하나의 수단으로써 존재할 뿐, 부가 곧바로 행복으로 직결되는 기준이 되지는 않습니다. 괴테의 문학적 태도나 인생의 관점으로 미루어 보건대, 그는 ‘인간을 부유하게 만드는 것은 재산 그 자체가 아니라 삶을 이해하고자 하는 노력과 실천에 달렸다.’라고 보았습니다.

행복한 경험의 축적과 즐거움에 대한 자유로운 인식이 더 유효한 행복의 조건으로 작용합니다. 행복의 요소를 아무리 많이 지니고 있어도 내가 그것을 진정 나를 위한 기쁨으로 소화하지 못한다면 대부분은 의미 없는 축적에 지나지 않는 일이 되고 말지요.

따라서 경제적인 자유를 꿈꾸며, 돈이 인생을 완성해 준다고 생각하는 것은 지나친 오만입니다. 삶을 능동적으로 살아가게 하는 기반에는 소비의 자유만 존재하는 것은 아니기 때문입니다. 생활의 기반으로 부를 쌓고 그와 조화를 이룬 형태로 자신의 교양과 인성을 성숙시켜야 합니다. 그리고 자기 삶을 외부로 확장하며 다른 이들이 바라보는 행복의 관점과 자기 행복의 가치가 어떤 차이가 있는지, 무엇이 같은지를 계속해서 탐구하며 욕망과 절제 그리고 성취라는 단계의 연속된 과정을 계속해서 반복해야만 합니다.

그렇게 인간은 부를 삶의 목적이 아니라 삶을 형성하는 하나의 조건으로 삼으며 끊임없이 자신을 만들어 가는 과정에서 비로소 행복의 깊이를 체감하게 됩니다. 행복은 소유의 완성에서 오는 것이 아니라 행복에 대한 개별적이고 구체적인 인식의 반복일 뿐이지요.

행복은 절대적으로 기쁨이 상승한 상태만을 의미하지 않습니다. 크고 작은 기쁨과 슬픔이 오가는 평범한 삶 속에서 찾아오는 자기만의 소박한 인식과 아주 개인적인 만족, 축적이 아니라 그저 느끼고 있음에 고양되는 감정입니다. 자신을 형성해 가며 성숙하고자 노력하는 인간은 조금씩 스스로가 그 행복과 자신을 동일시하게 되는 경험을 하게 됩니다. 그 단계에서는 이제 더 이상 행복이 무엇인지 스스로에게 물을 이유도 사라지게 됩니다. 어디에서든 자신이 있는 곳에는 행복이 있음을 알고 있기 때문입니다.

타인과 나

인간의 기쁨 중 큰 비중인 요소 중 하나는 '나' 이외의 다른 세계와의 연결입니다. 괴테는 말했습니다. "아는 것만으로는 충분하지 않다. 우리는 적용해야 한다." 이는 철학과 사랑, 자기 확신에도 통용되는 표현입니다. 이론으로 아는 것은 충분하지 않고 그것을 실제로 자기 현실에 적용하여 그 실체를 마주해 보는 것이 중요합니다. 바로 그 과정에서 나 이외의 다른 이들과의 교류가 매우 소중한 경험이 됩니다.

'나'라는 자아와 다른 세계와의 부딪힘은 확장을 의미하기도 하지만 자기 벽을 허무는 계기가 되기도 합니다. 심지어는 나도 몰랐던 자의 진의, 또는 내면세계에 대한 구체적인 인식으로 전환되는 기회를 제공해 주기도 하지요.

즉 진정한 자기 객관화에 이르기 위해서는 오직 스스로의 힘만으로는 역부족이라는 뜻입니다. 따라서 인간은 홀로 완성되는 존재가 아니라 관계 속에서 끊임없이 형성되는 존재라고 말할 수 있습니다. 타인과의 대화 속에서 우리는 생각의 폭을 넓히고, 서로 다른 삶의 방식과 감정의 깊이를 이해하게 됩니다. 이러한 경험은 단순한 만남을 넘어 인간의 내면을 확장하는 계기가 됩니다. 또한 다른 사람의 기쁨과 고통을 함께 바라보는 과정에서 인간은 자신의 삶을 보다 더 넓은 시야로 바라보게 됩니다.

그렇게 형성된 자아는 분별력을 지니며 인생을 추구하는 데 있어 건전한 기준으로 확립됩니다. 올바른 기준이 있다는 것은 나의 자아를 공고히 함은 물론 다른 이들과의 관계에도 인간적인 연대와 공감과 타당성을 바탕으로 실증적 시각으로 헤아리는 결과로 이어집니다. 그것은 세상을 주체적으로 살아가는 동시에 관찰자적 시점으로 주변을 통찰할 수 있는 자세, 즉 성숙한 자존감입니다.

아포리즘 10

비평과 진실

괴테의 유언에 관한 진실이 무엇인지 후대 사람은 스스로 믿고 싶은 대로 믿을 수밖에 없습니다. 무엇이 진실한 것인지는 각자의 판단에 달렸습니다. 괴테가 마지막 순간에 "더 많은 빛을!"이라고 외친 것이 빛이라고 하는 하나의 상징적 의미였는지, 빛을 드리우게 창을 열어 달라는 것인지는 알 수 없지요.

마찬가지로 진실은 때때로 근거나 증거가 아니라 믿음의 일이 되기도 합니다. 괴테의 작품은 늘 사회적 논란과 관심의 중심이 되곤 했습니다. 세계가 그의 작품에 환호했을 때도, 어떤 비평이 지나치게 비관적인 내용일지라도 괴테는 문학가로서 본인이 해야 한다고 느끼는 일을 하였을 뿐 쉽사리 감정에 휘둘리지 않았습니다.

지혜는 철저한 인내 속에서 존재합니다. 낭만주의 시대의 걸작이자 시대의 우울을 대표하는 양극단의 평가 속에서도 본인의 사상과 행동양식에 대해 괴테가 믿음을 지닌 채 살아갈 수 있었던 이유는, 비평을 사유하는 기회로 삼되 마냥 휘둘리지 않으며 자기가 이해한 진실에 대해 갈구하고자 하는 용기를 지녔기 때문입니다.

모든 인간은 살아가며 주변으로부터 수많은 평가와 조언과 비판을 받으면서도 결국 받아들일 부분을 결정하고 스스로 무엇이 진실한 것인지를 판단할 주체는 오직 자기 자신이라는 것을 잊지 말아야 합니다. 내 삶을 객관화하는 것과 타인의 평가에 자기 삶을 억압당하는 것은 전혀 다른 의미이지요. 누군가 내 삶에 대해 갖은 근거를 들고서 비평하더라도, 결국 내가 믿고 싶은 바를 스스로 결정할 줄 아는 것이 진정한 어른이라고 할 수 있겠습니다.

사랑이 없는 비극

때때로 인간은 자기 속에 고립되어 오히려 삶의 방향을 상실해 버리고 말지요. 그것은 자기 자신에 대한 사랑이 올바르게 작용하고 있지 않아 일어나는 좌절입니다. 그러나 모든 좌절이 비극적 결말로 이어지는 것은 아닙니다. "인간은 노력하는 한 방황한다."라는 《파우스트》 속 문장처럼 사람은 자신 속에서 길을 잃으면서도 끝내 포기하지 않으면, 자기 자신을 열고 밝은 빛을 맞이할 수도 있기 때문입니다.

사랑은 그러한 고립된 자아를 자기 밖으로 나가게 하는 경험입니다. 길을 잃어버리는 것이 아니라, 길을 선택하고 추구할 수 있도록 계속해서 걷는 행위가 사랑이지요.

인간은 자기 혼자서도 사랑을 합니다. 그것은 아주 특별한 의미라고 볼 수 있습니다. 단순히 마음이 정열적으로 활성화되는 것과는 다르게 이 세계의 중심을 '나'에서 주변으로 확장하여 세계를 바라보는 행위이지요.

사랑에 빠지면 같은 풍경도 아름다운 세상으로 변합

니다. 그것은 어떠한 상태나 대상이 실제로 얼마나 위대한지와는 무관하게 오직 나에게만은 아주 특별한 것으로 여겨지는 경험을 이끌어 내지요.

괴테에게 사랑은 단순한 감정이 아니라 인간을 자기 자신 밖으로 이끌어 세계와 연결하는 힘입니다. 사랑이 없는 삶은 결국 인간이 자기 내면 속에 고립되는 비극을 의미합니다.

진정한 사랑이란 자신을 넘어 세계와 더 깊이 연결되는 순간이라고 볼 수 있습니다. 그리하면 세계는 같은 인간이라고 해도 그가 볼 수 있는 세상은 이전과는 전혀 다른 곳이 됩니다. 그 순간에는 자기 보호와 타인의 인정을 갈구하며 흔들리던 나약한 자기애도, 어느새 받아들일 것은 받아들이고 흘려보낼 것은 훌훌 털어 버리는 성숙함으로 변모합니다.

지금도
다시 시작해 볼 수 있는가

시작이란 단어에는 여러 가지 의미가 있지요. 어떤 일이나 행동의 첫 단계를 뜻하기고 하고, 시험 삼아 만들어 보는 작품 행위 혹은 특정한 일이나 행위를 처음으로 하는 것을 뜻하기도 합니다. 이처럼 뜻풀이는 달라도 '시작'이라는 단어는 표면적으로는 상징적 인상을 줄 수 있습니다.

시작에는 언제나 설렘과 두려움이 공존하지요. 그러나 그 앞에 '다시'라는 말이 붙을 때면 그 균형은 쉽게 유지되기 어렵습니다. 인생은 계속된 시작의 연속이며 다시, 그리고 또다시 시작할 수밖에 없는 연결성을 지니고 있습니다. 그 필연적인 삶의 과정을 어떻게 긍정적으로 받아들일 수 있을지를 고민하는 것이 어쩌면 잘 살아가는 방법에 대한 고민과도 직결되어 있다고 말할 수 있겠습니다.

시작의 반복은 지극히 인간적인 상태로, 자기 혼자만 겪는 좌절과 우울은 아닙니다. 그러한 점에서 모든 시작은 자연스럽고 지극히 정상적인 것임을 이해할 수 있어야 합니다.

어떤 끝맺음 혹은 실패라고 생각하는 일 뒤에 새롭게 무언가를 시도하고자 하는 행위는 나에게만 일어나는 불행과 고난이 아니라, 인간이라면 자연히 경험하게 되는 보통의 현상인 셈입니다.

또한 성숙한 인간이라면 그 보통의 과정들을 자기 삶의 건전한 힘으로 만들 재료로서 바라볼 줄 알아야 합니다. 실수, 방황, 좌절 이 모든 것은 계속된 삶으로의 전진을 위한 동기이며 재료입니다. 그리하여 인간은 그 동기와 재료를 행동으로 옮길 수 있어야 합니다. 어떤 대단한 이론 혹은 비평가가 그러한 우리의 태도를 비관적으로 평가하거나 묘사하더라도 내가 하는 행위에 대한 믿음은 본디 나의 경험으로부터 그 가치를 찾을 수 있어야 마땅합니다.

즉 다시 시작하는 방법은 어떤 특별한 이치를 깨닫는 일에서 비롯되는 게 아니라, 그저 행동하는 것입니다. 경험, 실패 그리고 또다시 도전하여 끝내 목적을 쟁취하는 것은 그럴싸한 생각이 아니라 포기하지 않는 실천에 달려 있습니다. 방황을 두려워하지 말고, 경험을 가치 있는 것으로 승화시키는 것입니다. 그리하면 행동으로써 삶은

지속되며 어느새 인생을 지탱하는 진실은 이미 나에게

체화된 일부로서 존재하고 있을 것입니다.

환경은 한계가 아니다

인간의 삶은 환경에 의해 규정되지만은 않습니다. 다만 그 환경 속에서 자신을 형성하고자 하는 과정이 있을 뿐입니다. 인간이 처한 조건과 환경적 한계로 인해 그 가능성이 영향받는 것은 부정할 수 없으나 그것이 완전히 그 가능성을 점치는 예견된 결과로 바라보아선 안 될 것입니다.

어려운 상황 속에서도 인간에게 전환점이 되는 경험은 찾아오기 마련입니다. 완전히 새로운 가능성이 희박하다고 느껴지는 때에도 주변을 둘러보면 내가 할 수 있는 일들이 분명 존재합니다. 이때 지레짐작하거나 막막해서 주저하는 것은 오히려 나의 한계를 설정하는 일이 되며, 인간의 한계는 스스로 인지하고 행하는 범위까지로 한정됩니다. 반대로 말하면, 스스로 포기하지 않는 한 그것은 한계가 아니라 흘러가는 과정의 어느 지점에 불과합니다.

그러니 만약 지금 새로운 도전에 앞서 환경적인 이유로 망설이고 있다면, 환경이 완벽해지기를 기다리지 말아야 합니다. 인간은 늘 불완전함 속에서 길을 찾는 존재입니다. 현재 방황하여 길을 잃었다는 뜻은 아직 길을 찾고 있다는 의미와도 같습니다.

세상은 드넓고 아직 우리가 경험해 보지 못한 영역이 무수히 그 의미를 알아줄 존재를 기다리고 있습니다. 모든 것은 한 걸음의 시작으로 이루어집니다. 그리고 계속하여 걸어가 보는 것입니다. 다시 말해, 알맞은 길을 찾아서 걷는 것이 아니라 계속해서 오가다 보면 그것이 길이 되는 것입니다.

인정은 장식이 아니다

인간은 누군가로부터 인정받고 싶어 합니다. 그 상대는 사랑하는 사람 혹은 준거집단일 수도 있으며 때로는 자기 자신으로부터의 인정을 갈구하기도 합니다. 인정에 대한 의욕만큼이나 인정받는 요소나 기준에도 사람마다 다양한 가치관이 있습니다. 심지어는 성공에의 인정을 자기 자신을 과시하는 수단으로 활용하는 사람도 있지요.

그런데 그러한 인정은 인간의 삶에 있어 충실한 가치로 비치기 어렵습니다. 사람들이 실로 본받아야 하는 것은 어떤 삶에서 그가 보인 태도이지 결과 그 자체는 아니기 때문입니다. 마찬가지로 사람에게 평판이란 지금 불고 있는 바람과도 같아서, 당장 내일 나에 대한 의견이 다른 방향으로 흐를 수도 있습니다.

평판에 지나치게 의존하게 되면, 사회의 찬바람 앞에 자신을 홀로 놓아둔 채로 정작 중요한 자신에 대한 자기 확신은 잊은 채로 살기도 합니다. 진실로 중요한 것은 '사람들이 나를 어떻게 생각하느냐'가 아니라 '내가 진정 나로서 어떻게 살아가고 있느냐'이지요.

인정은 갈구하다 보면 멀어지고, 그저 자기 자신의 태도를 견지하다 보면 자연히 따라오는 자연의 섭리와도 같습니다. 사람의 품격이란 행동을 통해 오랜 시간 자신을 드러내는 것이지, 어느 시점의 몇 마디 말로 증명되지 않는 법입니다.

자연이
우리에게 가르쳐 준 것들

매일 마주하는 자연만큼 위대한 스승은 우리 주변에 없습니다. 자연은 조용하지만 매 순간 우리에게 가치 있는 것들을 전해 주기 때문입니다.

예컨대 나무는 우리에게 성장하는 데 시간이 필요함을 보여 줍니다. 대부분의 자연이 그러하듯, 싹을 틔우고 나무가 자라 숲을 이룰 때까지는 긴 시간이 필요하지요.

그리고 또한 자연은 변화란 자연스러운 과정임을 알려 줍니다. 계절이 변하고 나뭇가지에 초록 잎이 달려 색을 바꾸다 끝내 지상으로 떨어져 내려올 때 그 모든 일은 인생의 변화와 전환이 아주 당연하고 꼭 필요한 것임을 증명합니다.

또한 자연은 모든 것이 서로 연결되어 있음을 보여 줍니다. 자연 속 일부로서 우리는 완전히 고립되어 있지 않으며, 어떻게든 타인과 관계를 형성한 채로 살아가지요.

더구나 자연은 과시하지 않고 그 자체로서 아름다움을 이야기합니다. 스스로 아름답다는 사실을 구태여 증명하려 애쓰지 않지요.

마침내 자연은 만물이 자신만의 방식으로 살아가고 있음을 가르쳐 줍니다. 누군가는 계속해서 빛을 향해 뻗어 나가며, 어떤 존재는 벽을 넘어 길을 만들어 가지요. 나뭇가지를 넓게 펼치는 나무가 있는가 하면 겉으론 나약해 보여도 뿌리가 아주 튼실한 식물도 더러 있습니다. 자연은 결코 멈추지 않으며 오류나 좌절이란 그저 정지된 상태일 뿐 변화하는 것은 자연스러운 일입니다.

시간은 다르게 흐른다

시간은 그 사람이 어느 시기에 있는지에 따라 다르게 흐릅니다. 그리고 시기마다 어떻게 그 시간을 사용해야 할지도 적절히 선택해야 하지요. 유년기와 청년기에는 주변으로부터 가능한 한 많은 정보를 흡수하고 선택의 폭을 넓히며 가능한 한 많은 경험을 하면 유익합니다. 괴테는 젊은 시절 문학, 철학, 과학과 예술 등 다양한 분야의 정보를 접하며 자신의 가능성을 수많은 갈래로 형성하였습니다.

그러다 어느 시점이 오면 몰두해야 할 몇 가지 분야에 집중해야 합니다. 그즈음이면 자신의 경험과 지식을 바탕으로, 삶의 중심을 어디로 이동해야 할지 스스로와 깊은 대화가 필요하기 때문입니다. 학문에 더 힘을 쏟을 수도 있고, 창업이나 기술 등 자신의 철학이 제대로 관철될 분야에 시간과 정신을 쏟을 수도 있습니다.

어느 정도 자리를 잡았다는 생각이 들고 삶의 철학에 기반이 충실히 다져졌을 시기에는 자신은 물론 나를 둘러싼 주변을 관철하며 정리하는 자세가 필요합니다. 인간은 모든 것을 동시에 완벽할 수 없으므로 제 삶의 건강함을 지속하기 위해 스스로 보완해야 할 사항을 찾고, 어느 것 하나 너무 모나지 않게 다시 한번 다듬어야 할 시간이 필요합니다.

이러한 일련의 과정은 일률적으로 정해진 사항이 아니라 사람에 따라, 상황에 따라 달리 적용됩니다. 순서가 바뀌기도 하고 같은 순서가 여러 번 반복되기도 합니다. 시간은 늘 같은 속도로 흐르지만, 인간에게 주어진 현실에 따라 다르게 적용됩니다. 넓게 경험하고, 몰두하며, 되돌아보는 것은 그 시간의 흐름에 대한 나름의 적응 방식입니다. 인생을 대하는 데 성숙한 태도를 형성하기 위해서는 이러한 자신만의 시간 흐름을 적절히 구성하고 호응하는 노력이 필요합니다.

책임지는 인간

때로는 올바른 선택만큼이나 그 선택에 대한 책임이 중요합니다. 인간은 자기 삶에서 확실한 선택을 갈구하지만, 실제로 우리 삶에 확고한 믿음과 방향을 제시해 주는 것은 선택 그 자체가 아니라 태도입니다. 정확히는 그 선택 이후의 책임입니다. 책임은 단순히 선택의 결과를 수용하는 것을 넘어, 그 선택이 가져올 수 있는 모든 영향을 고려하고, 그에 따른 행동을 지속적으로 조정하는 과정입니다. 이는 개인의 성찰과 성장의 기회를 제공하며, 삶의 방향성을 명확히 하는 데 기여합니다.

책임은 우리 삶에 일관된 가치관을 제공해 주는 중요한 지표가 됩니다. 내가 내린 선택이 아니라 그 선택에 대한 책임이 나라는 존재의 가치를 드러내 줍니다. 책임을 지는 과정에서 우리는 자신의 한계를 인식하고, 이를 극복하기 위한 노력을 통해 더욱 성숙한 인간으로 발전하게 됩니다. 이는 또한 타인과의 관계에서도 신뢰를 쌓는 기반이 되며, 사회적 유대감을 강화하는 역할을 합니다.

따라서 '적절한 선택이란 무엇인가'에 대한 질문 앞에

서도 우리는 선택 자체의 유용함이 아니라 '그 선택에 대한 책임에 있어서 자신에게 더 건강하고 보람 있는 것은 무엇인지'에 대해서 더 오래, 깊이 고민해야 합니다. 선택은 고민에 대한 결정이지만 책임은 가치에 대한 증명입니다. 책임을 통해 우리는 자신의 삶을 더욱 의미 있게 만들고, 궁극적으로는 자신과 타인에게 긍정적인 영향을 미치는 존재로 자리매김할 수 있습니다.

고독은 인간을
어떻게 성장시키는가

괴테는 젊은 시절의 감정적 방황과 혼란을《젊은 베르테르의 슬픔》과 같은 작품으로 승화시켰습니다. 그는 제법 유복한 환경에서 유년 시절을 보냈습니다. 그뿐 아니라 교육열이 높은 집안의 분위기에 따라 다양한 것을 배우고 익히며 탄탄한 교양을 쌓았습니다.

그러나 마냥 긍정적인 부분만 있었던 것은 아닙니다. 아버지는 매우 엄격했습니다. 그의 주변은 여러 가지의 배움으로 가득하였으나 정작 자신의 마음을 진정으로 채워 줄 만한 것이 부재해 늘 갈증을 느끼고 있었지요. 그러한 환경은 자연히 내면의 고독으로 그를 이끌었습니다.

마찬가지로 오늘날 수많은 이가 각자의 이유로 자신만의 고독을 경험합니다. 그것은 받아들이는 사람에 따라 중대한 결핍으로 여겨지기도 하고, 대수롭지 않게 여겨져 은근슬쩍 지나쳐 버리기도 하지요. 따라서 인지하든, 인지하지 못하든 누구나 자기만의 결핍, 고립, 고독을 경험합니다.

예컨대 고독은 외부와 충분히 교류되지 못하거나 자기 삶에 갈피를 잡지 못할 때, 어떤 인정에 대한 갈망과 너무 큰 시련 앞에서 오는 상실감 등으로 발현되곤 합니다. 그러나 그것이 완전히 부정적인 경험을 뜻하는 것은 아닙니다.

현대인이 경험하는 고독은 단순한 단절의 감정이라기보다 자기 자신과 마주하는 과정이라고도 말할 수 있습니다. 관계의 홍수 속에서 인간은 어쩔 수 없이 타인의 기대와 시선을 마주하며 살아갑니다. 인간에게는 자신으로서 지니는 자아는 물론 사회적인 자아도 함께 구성되어 있기 때문이지요.

이처럼 '타자 속 나'라는 숙명은 우리를 억압하는 하나의 장치로 작용하기도 합니다. 그러나 고독이나 고립은 그 모든 외부 소음이 잠시 멈춘 채로, 비로소 자신이 무엇을 원하는지 조용히 묻게 되는 계기를 제공하지요. 느닷없이 혼자 있고 싶을 때가 있습니다. 어떤 사람을 만나도 대화가 잘 귀에 들어오지 않고 생각은 걷잡을 수 없이 더 깊이 침체하곤 하지요. 그러한 상태는 우리에게 지금, 자신을 돌아봐야 하는 단계임을 알려 주는 중요한 울림임을 기억해야 합니다.

괴테는 "인간이 자신을 이해하는 만큼 세계를 이해할 수 있다."라고 하였습니다. 이는 고독이라는 상태나 감정에서 그다음 각성으로 나아갈 수 있는 동기로도 해석할 수 있습니다.

시간이 지나면 저절로 내면의 고독은 해소되기도 하겠지요. 그러나 어떤 경우, 그 반복이나 지나친 강도로 인해 인간의 감정은 비관적인 두려움을 호소하기도 할 것입니다. 따라서 그 순간을 정화의 시간, 내면의 각성으로 이끄는 자세가 중요한 것입니다.

괴테의 관점으로 본다면 고독을 자기 인식의 출발점으로 삼아 생각을 정리하는 주체로 바라보아야 합니다. 그리고 그 시간을 성급히 벗어나려는 것이 아니라 충분히 호흡하며 내면과 대화를 나누어야 합니다. 오히려 자신과 깊은 대화를 나눌 수 있는 자기 돌봄의 기회는 그리 흔하지 않다는 점에서 혼자만의 시간은 선물과도 같다고 받아들여도 좋을 것입니다.

나아가 그 사유를 바탕으로 세상과 다시 연결되어야 합니다. 주변을 부정하고 그저 자기만의 동굴에 깊이 숨는 것이 아니라 나를 돌아본 뒤 또 한 번 관계 속에서 주체적으로 호응하며 삶의 방향성을 충실히 이행해야 합니다.

천천히 깊어지는 법

단계적 성숙이란 자기 성장에 대해 성급함을 내려놓고 천천히 깊이 있게, 지속력에 더 많은 관심을 쏟는 느긋한 성장입니다.

오늘날 기술의 시스템은 너무 빠르게 확장되며 변화를 주도하고 있습니다. 그 속에서 인간의 행위 준칙이나 사회적 규범들은 그 속도를 따라가지 못하여 방황을 일삼고 있지요. 빠른 변화는 인간의 삶에 편의를 제공하기도 하지만 그 속에서 주체적인 대응을 못 하면 쉽게 도태되고 마는 부작용도 잠재해 있습니다.

삶이란 끊임없이 지속해야 하는 주체성을 바탕으로 힘을 얻습니다. 이럴 때일수록 어느 한 가지에 심도 깊이 몰두하며 지속하는 힘이 중요합니다. 두루두루 적당히 잘하는 사람이 인재였던 시대가 있었는가 하면, 한 가지 전문성을 갖춘 사람이 인재로 평가받는 시대도 있었지요.

요즘은 새로운 기술과 효율성에 대해 민감하게 반응하는 시대인 것 같습니다. 새로운 기술을 활용하여 얼마나 빠르게, 얼마나 덜 수고롭게 무언가를 행할 수 있는지가 핵심 능력으로 대두되고 있습니다. 인간 본연의 능력보다는 기술에 의존하게 되는 과정에서 발생한 인간 소외현상이 사회적인 이슈로 등장하기도 하였지요. 마치 산업화 시대의 걷잡을 수 없는 흐름처럼 인간다움을 점차 잃어버리는 것은 아닌지 우려스럽기도 합니다.

그러나 자연의 흐름은 돌고 또 돌아 반복됩니다. 빠른 변화 속에서도 자신의 능력과 자격을 적절히 갈고닦아 시대의 흐름과 부드럽게 맞물리는 이들은 어느 시대에든 등장하기 마련이었습니다.

급류와 같은 사회 현상 속에서도 주체성을 잃지 않는 비결은 무엇일까요? 그것은 속도가 아니라 조용히 자신의 성장을 갈구해 내는 꾸준함에 있습니다. 예컨대 괴테가 《파우스트》를 집필한 기간을 들여다보면 그 가치를 여실히 느낄 수 있습니다. 장장 60여 년에 걸쳐 집필하는 동안 그는 '작품을 쓰는 행위'를 꾸준히 실천하였습니다. 그 과정에서 여러 가지 다른 작업을 하기도 하였으며 어떤 배움, 상실, 교훈과 상처를 얻기도 했지요. 그럼에도 계속해서 작품을 쓰는 일을 지속하여 마침내 완성해 낸 것이 작품 《파우스트》입니다.

“오늘 이루지 못한 일이 내일에는 성사될 수 있겠는가.”

단순하지만 이 문장에는 힘이 있습니다. 괴테 자신이 일생 지탱해 온, 지극히 성실한 삶의 철학에 기반을 두었기 때문입니다. 진정한 의미의 성장이란 순간의 열정으로 이루어지지 않습니다. 인간의 성취는 작은 노력과 매일의 결실이 쌓여 우리 앞에 조용히 그 모습을 드러냅니다.

움직임이
유능함을 이끈다

오직 행동하는 인간만이 점차 유능해질 가능성을 지 닙니다. 생각만으로는 아무것도 변하는 것은 없으며, 그 것을 현실로 이행할 때 비로소 의미 있는 활동이 됩니다. 즉 아무리 거창한 계획이 있더라도 실천하지 않으면, 아 주 작은 행위보다도 못한 것이 되고 맙니다.

작은 행동의 반복이 인간을 단련하는 주된 재료가 됩 니다. 작은 행동이 단순히 훈련에서 그치지 않고, 그 행 위 자체가 새로운 방향을 제시해 주는 이정표로 작동하 기도 합니다.

'지금 이 순간을 어떻게 받아들이는가?' 하는 물음도 결국 '그 물음에 내가 어떻게 행동으로 답하는가?'에 따 라 가치를 달리합니다. 생각은 행동과 경험으로 보다 더 정교해집니다.

오늘을
사랑하는 방법

오늘을 사랑하는 방법은 '이 하루를 완벽함이라는 생각으로 한정 짓지 않는 것'에서 출발합니다. 하루에 일어난 다양한 사건은 개별적으로 크고 작은 마음의 파문을 일으키지요. 그러나 우리가 잠자리에 들기 전에 떠올리는 하루의 인상은 그 모든 것에 대한 각각의 감정이 아니라 전체적인 감상입니다. 그러니 어떤 일부분이 만족스럽지 못하더라도 이 하루 전체가 모자란 것은 아니라는 것을 인정할 줄 알아야 합니다.

마찬가지로 인생이란 제법 긴 시간이지요. 별것 아닌 일, 지극히 작은 문제에 너무 큰마음을 쏟게 되면 그것에 사로잡혀 정작 전체적인 구성을 보지 못하는 우려를 범할 수 있습니다. 어쩌면 '오늘을 사랑하는 가장 확실한 방법'은 자유로운 몰입을 경험하는 일이라고도 볼 수 있습니다. 자유로운 몰입이란 깊이 파고들어야 할 대상과 적당히 흘려보내야 할 것을 유연하게 결정하는 것입니다.

'별것 아닌 문제는 미련 없이 놓아주는 것' 역시 하루를 적절히 사랑하는 방법이 될 수 있습니다. 집중해야 할

곳, 나를 행복하게 하는 것에 더 많은 시선과 관심을 쏟
다 보면 어느새 하루는 기분 좋은 시간, 만족스러운 경험
으로 자리 잡게 될 것입니다.

마음에서
우러나오는 것

마음으로부터 우러나오지 않는 것은 마음에 닿지
않는다.

– 괴테 《파우스트》

진정성이란 인간의 내면과 행동이 일치하는 상태를
뜻합니다. 달리 표현하면 '얼마나 자기 삶의 설득력을 지
니고 있는가?'라는 물음과 같습니다.

마음에서 시작한 그것이 진실로 발현되지 않으면 훗
날 자신에게, 혹은 타인에게 그 가치를 인정받을 수 없는
노릇이지요. 오늘날 인간이 대표적으로 경계해야 할 것
중 하나는, 외면과 내면의 진심이 분리된 채로 살아가는
것입니다. 외형적으로 그럴싸해 보이는 사람이지만 진정
성이 결여된다면 그는 타인의 진심 어린 존경을 받기 어
려운 것은 물론, 자기 내면으로부터도 이해를 구하기 어
려울 것입니다.

인생이란 타인과의 신뢰도 중요하지만 자기 스스로에
대한 신뢰가 더욱 중요한 법이지요. 자신을 믿기 위한 방

법은, 자신이 느끼는 바를 진솔하게 삶에 적용할 수 있을 때 가능합니다. 자기 삶에 대한 깊이 있는 추구야말로 평범함과 비범함의 차이를 만들어 내는 비결입니다.

규칙적인 삶의 이점

과거를 돌아보면 시간이 빠르게 흐른다고 느끼기 마련입니다. 그 덕분에 인간은 시간의 중요성을 인식하고 그것을 자신에게 알맞게 활용하는 방법을 터득하기도 합니다.

꾸준한 생활과 반복되는 리듬은 삶에 안정성을 형성하며 쉬이 유혹에 빠지지 않게 막아 주는 울타리가 되기도 합니다. 자기 삶에 일정한 규칙을 설정하면 불필요한 에너지를 소비하지 않게 되고, 제 삶의 중요한 것들의 우선순위를 쉽게 정할 수 있습니다.

또한 규칙이 있으면 자연 상태로서 시간에 대처할 때보다 그것을 꾸준히 지속하기 편리합니다. 규칙의 오랜 지속은 결국 꾸준한 자기 성장으로 귀결되는 특성이 있지요. 규칙적인 삶이란 그저 시간의 배분이라는 형식에 국한하지 않고 인간의 감정에도 그대로 적용됩니다. 따라서 규칙적인 삶은 감정의 기복을 예방하며 자신의 마음을 쏟아야 할 대상과 그렇지 않아도 될 감정적 혼란을 구분하여 걱정을 줄이고 마음의 체력을 유지하는 데 도움이 됩니다.

규칙적인 삶은 인간의 시간을 단조롭게 만드는 것이 아니라, 오히려 자유롭게 하는 도구이지요. 모든 위대함은 단시간의 번뜩임이 아니라 자기 삶의 리듬이 고루 반복된 결과라는 점을 기억해야 할 것입니다.

깊이를 만드는 경험

경험이 중요한 이유는 그로부터 자기 자신이 어떤 존재인지를 알 수 있기 때문입니다. 모든 경험은 인간에게 도움이 됩니다. 비록 어떠한 경험이 그 주체에게 상처를 주거나 좌절을 선사하더라도 그것을 바탕으로 다시금 스스로 보완하고 돌아볼 기회를 가질 수 있습니다. 이러한 점에서 그 경험은 의의가 있습니다.

경험은 인간에게 이론 그 이상의 가치와 시간을 제공하지요. 그리고 그것으로 우리는 세상을 바라보는 하나의 관점 또는 기준을 습득합니다. 그 기준은 자신의 삶을 형성해 나가는 데 중요한 자산으로 작용합니다. 비록 미완성의 자기 철학이라고 할지라도 조금씩 스스로에게 적용해 보면서 자신의 삶을 저마다의 의지와 가치관으로 파악하며 이따금 중대한 결정에 필요한 용기를 배우기도 합니다. 그 모든 과정은 자기 가능성의 실현을 목적으로 합니다.

경험이 삶의 통찰로 나아가기 위해서는 몇 가지 주요한 요건이 필요합니다.

첫째, 경험이 자신에게 어떤 의미인지 이해하는 태도가 필요합니다. 아무리 훌륭한 시간과 경험 속에 있어도 그것을 받아들이고 인지하려는 자세가 되어 있지 않다면 무용지물이 되고 만다는 뜻입니다.

둘째, 경험은 단순한 기억이 아니라 내 삶의 태도를 견지하거나 바꾸는 계기로 작용할 수 있어야 합니다. 어떤 시간이 특별한 가치로 나에게 영향을 행사하기 위해서는 그것이 지닌 특수성을 이해할 수 있어야 합니다. 비록 그것이 당시에는 제대로 인지할 수 없었다고 할지라도 어느 순간 자기 인식의 과정을 통해서 사고로 깊이 스며들며 새로운 시선이나 관점을 스스로에게 전해줄 수 있어야 합니다.

셋째, 좋은 경험은 다양한 경험과 맞물리며 계속해서 성숙할 수 있어야 합니다. 때때로 어떤 경험은 그 자체로 유익한 것이지만 다른 생각이나 개념을 배척하는 방향으로 진행될 때면 결국 그것이 인간의 성숙을 방해하는 요소로 작용할 수 있음을 유의해야 합니다.

일상 속 작은 세계

삶의 의미는 거창한 사건 속에서만 발견하게 되는 것이 아닙니다. 곳곳에서 언제나 우리를 기다리고 있습니다. 일상 속 아주 작은 세계를 이해하면 삶의 순간순간을 보다 더 섬세하게 바라볼 수 있으며, 조금의 차이가 만들어 내는 특별함 또한 찾아낼 수 있습다.

따라서 주요한 이야기를 전개하는 장치가 늘 거대한 깨달음은 아니지요. 실제로 우리 삶은 아주 작은 변화가 쌓여 이해와 안정감을 바탕으로 전진하는 순간이 훨씬 더 많습니다. 예를 들면 버스 정류장에서 버스를 기다리며 바라보는 일상 속 풍경이나 길을 걷다 우연히 듣게 되는 말 한마디, 매번 일어나는 똑같은 하루 속에서, 오늘은 조금 달리 보이는 작은 변화 같은 것으로부터 인간은 성장에 대한 동기를 얻거나 자기 삶에 대한 감격스러운 순간을 경험하기도 합니다.

혹시 특별한 일만을 기다릴 뿐 일상의 순간들을 따분하게 바라보고 있나요? 만약 그렇다면, 평범한 이 시간이 지닌 따뜻함이 얼마나 우리를 가슴 깊이 치유해 줄 수 있는지를 먼저 들여다볼 줄 알아야 합니다.

괴테의 《빌헬름 마이스터의 수업 시대》는 이와 같은 작은 사건과 경험을 통해 삶을 이해하게 되는 과정이 담겨 있는 작품입니다. 인간의 수많은 관계와 복잡한 사유 사이에는 헤아릴 수 없을 만큼의 다양성이 있으며 이는 세상의 사람만큼이나 수많은 삶의 태도가 존재할 수 있음을 보여 주지요.

마찬가지로 오늘 하루 지극히 평범해 보이는 일상에서 그저 스쳐 지나는 현실은 거창하진 않아도 우리 삶에 도움을 줄 수 있는 요소가 즐비합니다. 우리는 그 대상들과의 반복적이고 지속적인 관계를 맺으며 몸과 마음을 고루 성장시킬 필요가 있습니다. 이는 스스로에게 자신의 삶을 설득하는 과정과도 같으며 그 근거는 내가 마주하고 있는 이 하루 속에 펼쳐진 세계 그 자체라고 할 수 있습니다.

무엇이 우선인가

성과인가 나다움인가, 이는 현대인의 갈등에서 자주 등장하는 물음 중 하나입니다. 요즘 사회는 종종 훌륭한 삶의 가치를 성과 또는 결과로 바라보곤 하지요. 구체적으로는, 직업적인 성공, 경제적 성취, 건물이나 부동산 같은 것들이 그 요소로 대두되기로 합니다. 이러한 기준들이 삶의 가치를 판단하는 척도로 활용될 수는 있습니다. 하지만 이러한 외형적 결과물이 인간 삶을 판가름하는 유일한 기준이 되는 사회는, 진정한 의미로서의 결실을 잃어 가고 있다고 보아야 할 것입니다.

경제적인 부가가치를 창출하는 것과 자신이 무엇을 원하는지 깨닫는 과정은 같을 수도 있고 전혀 다를 수도 있습니다. 때로는 그것이 일치할 수는 있어도 그 성질이 본디 같지는 않습니다.

대개 외형적인 결과물에 대한 추구는 나 자신에 관한 관심보다 타인이 나를 어떻게 바라볼지에 대한 의식에 기대는 일이 많습니다. 그러나 진정한 의미로서의 삶은 자기 주변을 맴도는 것이 아니라 자기 자신에게 더욱 가까이 다가서는 것입니다.

나는 무엇을 좋아하는지, 내가 진정 추구하고 싶은 것은 무엇인지, 이러한 물음을 좇으며 자연스레 성과를 동반 지향하는 것과 '나'는 제외된 채 성과에만 몰두한 삶은 완전히 다른 의미의 태도입니다.

즉, 결과의 추구와 자기다움에 대한 성취는 대립하는 개념이 아닙니다. 그러나 어느 하나가 지나치게 결여된 가치관은 균형을 잃게 하고 유혹에 사로잡혀 진정 소중한 것을 보지 못하게 하는 문제를 만들게 됩니다.

'무엇을 우선할 것인가'라는 질문만큼이나 '어떤 것이 삶의 중심에서 지나치게 멀어져 있는지를 바라보는 일' 역시 자신을 객관적으로 이해하는 중요한 방법일 수 있습니다. 인간은 종종 더 많은 것을 얻는 데 집중하지만, 때로는 무엇이 자신의 삶에서 멀어지고 있는지를 돌아볼 때 비로소 자신의 방향을 깨닫게 되기 때문입니다.

지혜로운 삶의 태도

우리는 지식과 간편하게 접근할 수 있는 시대를 살아가고 있습니다. 대부분의 정보에 즉시 접근할 수 있을 정도로 많은 것이 개방되어 있고 우리는 그 정보에 접근할 방법도 어렵지 않게 알 수 있습니다. 그러나 아이러니하게도 이렇게 많은 정보를 앞에 놓고서도 우리는 무엇이 나에게 알맞은 내용인지 쉽게 판단하고 이해하지 못합니다. 심지어는 확신을 가지고 이해한 것이 전혀 다른 사실이거나 교묘히 진실을 벗어난 내용을 담고 있을 수도 있습니다.

따라서 오늘날 지혜는 끝없이 펼쳐진 정보 사이에서 무엇을 채택하여 내 삶에 적용할 것인지, 그리고 그것을 어떻게 검증할 것인지에 대한 논의라고 볼 수 있습니다. 너무 쉽게 소비되고 사라지는 것은 경험으로 볼 수 없습니다. 때로는 공들여 모르는 것에 대해 알고자 자신을 무지의 늪에서 헤엄치도록 내버려두는 것이 삶을 이해하는 능력을 기르는 데 훨씬 더 이로울 수 있습니다.

지식을 나에게 유의미한 경험으로 승화시키기 위해서

는 그것에 얼마나 긴밀히 연루되어 심도 있는 질문을 건네고 어떻게 답을 갈구할지 고민하는 태도가 필요합니다. 이를 위한 가장 기본적인 방법은 경험 및 성찰의 반복적 형성입니다.

지혜로운 사람은 정보를 쉽게 찾아내고, 많이 알고 있는 사람이 아닙니다. 어떤 물음 앞에서 여러 가지 관점을 적용하여 최적의 진실을 발견할 식견이 있는 사람입니다. 더불어 그것으로 알게 된 사실을 다시금 새로운 물음 앞에 적용할 수 있는 성실한 사람입니다.

갈증은
해소되지 않는다

성장은 비범한 경험으로부터 오는 것이 아니라 반복되는 일상의 영역 속에서 자기 자신을 마주하는 것에서 비롯됩니다. 흔히들 전혀 새로운 경험이나 특정한 사건을 경험의 확장과 연관하여 생각합니다.

하지만 인간의 성장에 꼭 낯선 환경과 새로운 시도라는 자극이 필요한 것은 아닙니다. 즉 삶의 변화를 생성해 내고자 일상을 완전히 내려놓고 전혀 다른 곳으로 도피성 여행을 떠난다고 해도 그 경험이 반드시 삶을 특별하게 만들어 주진 않는다는 뜻입니다.

당장의 현실은 이질감으로 인하여 매 순간이 새롭고 놀라울 수는 있어도, 인간은 무엇이든 적응하는 존재이므로 참신한 시간도 얼마 지나지 않아 일상의 영역으로 인지하게 됩니다. 그렇다고 매번 그 일상을 벗어나 전혀 다른 새로움을 찾아 떠날 수도 없는 노릇이지요.

같은 하루를 보내더라도 어떤 이는 그저 시간을 흘려보내고, 어떤 이는 그 속에서 의미를 발견하며 자신을 돌아봅니다. 그 차이는 단순히 경험 그 자체의 놀라움이 아니라, 그 안에서 자신이 행하고 있는 해석의 문제에 달렸습니다.

갈증은 매번 찾아오고 그때마다 우리는 전혀 새로운 답을 제시할 수 없습니다. 인생의 정답은 다양하지만 내 고민에 꼭 알맞은 해답이 늘 어딘가에 존재하리란 보장은 없지요.

반대로 어디든 배움이 있고 성장의 토대가 존재할 수 있습니다. 우리는 그 목마름을 보다 더 건강한 방법으로 지신에게 적용하여 결핍을 질문으로 전환하는 자세가 필요합니다. 괴테가 보기에 인간의 삶은 완전한 해답에 도달하는 과정이 아니라, 끊임없이 묻고 흔들리면서도 그 안에서 자아를 마주하는 여정입니다.

우리가 현실로부터 도피하는 이유는 이 현실 자체에 정답이 없기 때문이 아니라, 잠깐 그 무거움을 지탱해 줄 여유가 필요하기 때문입니다. 해답은 언제나 곳곳에서 조용히 우리를 견지하고 있습니다. 우리가 할 수 있는 것은 적당한 여유로부터 힘을 얻고 다시금 자기 일상의 삶을 충실히 살아가 보는 것입니다.

본질을 이해하기

우리는 본질 그 자체가 아니라 주변의 소음에 더 신경을 빼앗기곤 합니다. 세계는 복잡한 요소로 이루어져 있어서, 모든 것을 다 받아들이기에 인간이란 존재는 턱없이 나약한 법입니다. 때로는 자연을 걸으며 주변을 돌아보면 사물과 존재의 본질에 대해 어렴풋이 이해할 수 있습니다. 또한 그 이해의 과정은 일련의 단계를 이루고 있습니다.

본질을 이해하는 데 있어, 자연은 너무 성급한 결론을 내리지 말라고 알려 줍니다. 긴 시간이 흘러 굳건히 형성되는 숲을 바라보다 보면, 조급하게 무언가를 판단하고 결정짓는 것이 부질없음을 이해할 수 있을 것입니다.

둘째, 현상 그 자체와 그 안의 의미를 구분하여 읽어 낼 수 있어야 합니다. 실제로 일어난 일이 진실 그 자체는 아니라는 뜻입니다. 인상을 찌푸리고 있는 누군가의 얼굴에서 괴로움 자체가 아니라 그 이면의 쓸쓸함을 읽고 상대의 관점에서 다시 바라볼 수 있어야 합니다. 그리하면 외부에서 나에게 향하는 단순한 실수나 짧은 언행 그 자체가 우리를 상처 입히는 일이 절로 줄어들 것입니다.

셋째, 복잡한 상황을 어느 정도는 단순화할 필요가 있습니다. 단순화란 나의 경험과 통상적인 도덕의 기준에서 상황을 구조화하고 불필요한 요소를 제거하여 내가 깊이 몰두할 대상을 선정하는 과정 그 자체라고 할 수 있습니다.

넷째, 이렇게 형성된 나의 결론을 다시 한번 의심해 보아야 합니다. 즉 일종의 자기 검증의 단계로서 내가 틀릴 수도 있다는 사실과 미처 파악하지 못한 중요 내용이 있지 않은지 돌아볼 여유를 가져야 합니다.

이러한 단계를 체화하면 복잡하고 끊임없는 정보와 이미지의 홍수 속에서도 나만의 식견을 유지하며, 현상의 본질에서 벗어나지 않은 채로 자기 판단에 임할 수 있을 것입니다. 오늘날은 아는 것에만 그쳐서는 안 됩니다. 그것을 판단하고 실제 삶에 유용하게 적용하느냐가 더 절실히 요구되는 시대입니다.

선량함의 효능

평범한 말 한마디와 행동 하나가 인간의 하루를 완전히 바꿉니다. 그것이 반복되면 인간의 삶 전체가 달라집니다. 선량함의 효능은 타인을 위하는 것이 아니라 본디 자신에게로 향해 있다는 사실을 기억할 필요가 있습니다.

인간은 무언가와 깊게 연루되어 살아가는 존재이기 때문에 나로 인해 긍정적인 기운이 생성된 시간과 공간 안에서 본인도 이로움을 경험합니다. 그것은 단순히 도덕적인 기준을 넘어 자신의 삶을 지탱하는 일종의 향상성이 됩니다.

긍정적인 경험은 계속해서 더 좋은 존재가 되고 싶은 희망을 자아내며 나와 주변에 건강히 뿌리내리는 삶의 기반이 되는 것입니다. 따라서 선량함이란 세상을 바꾸기 위한 거창한 도구가 아니라, 나 자신의 삶을 안정적으로 이루어 내는 조용하지만 강력한 능력인 셈입니다.

친절을 반복하면 그것은 상대방을 이해하려는 태도가 됩니다. 그 태도를 자연스레 나의 삶에 적용하면 내가 바라보는 세계는 나에서 우리로 확장되어, 혼자만의 시선

으로는 보지 못했던 다양한 영역에 대한 헤아림도 가능
하게 됩니다. 그것은 마침내 나라는 존재에 대한 신뢰감
이 되며 그렇게 형성된 나라는 존재의 가치는 무엇으로
도 대변될 수 없는 유일한 중심으로서 작용하게 됩니다.

무지의 인용

유능한 사람은 그저 많이 알고 있는 사람보다 잘 모르는 것에 대해 모른다고 말할 수 있는 사람입니다. 무지(無知)에 대한 순수한 인정이 없다면 인간은 끊임없이 배우고자 하는 일을 실행하기 어렵습니다.

가령 잘 모르는 것에 대해 부끄러워서 대충 넘어가는 경우, 그 공백은 시간이 흘러서도 쉽게 채워지지 않을 겁니다. 왜냐하면 배움이란 모르는 것에 대한 인정과 순수한 호기심에서부터 시작되기 때문입니다. 어영부영 순간을 넘겨짚으려고 배우는 지식은 그리 오래 남지 않습니다.

무지에 대한 인정은 성장의 문을 여는 행위와 같으며 배울 자세가 되어 있음을 드러내는 행위입니다. 잘 모른다고 말할 수 있는 용기는 인간을 지식의 능동적인 주체로서 이끌어 가는 힘이 됩니다.

심지어는 아무리 많이 배운 인간에게도, 끊임없이 학습하는 인간에게도 무지는 지속적으로 등장합니다. 지혜로운 이는 바로 그 본질을 이해합니다.

인간에게 무지란 내면의 동기이자 자기 확장의 기회
라는 사실을 말입니다.

한계를 정직하게 바라보는 것

한계를 정직하게 바라볼 때 현실적인 자유를 찾을 수 있습니다. 인간은 제 길을 찾기 위해 방황하고 노력하는 존재인 동시에 모든 것을 규율할 수 없고 통제할 수 없는 지극히 연약한 존재이기도 합니다.

누구에게나 한계가 있지요. 따라서 한계에 도달했을 때 시도해 볼 수 있는 것과 막연한 환상을 구분할 줄 아는 마음가짐은 현실적인 자유로움을 만들어 냅니다. 나를 만들어 가고 나를 이해한다는 것은, 자신의 가능성을 믿는 과정인 동시에 그 한계에 대해서도 정직하게 받아들일 줄 아는 자세입니다.

우리의 시간은 무한하지 않고 상황적으로 스스로 모든 것을 조절할 수 없으므로 누구도 완전하지 않으며 어느 정도의 현실적인 제약이 있을 수밖에 없습니다. 그 본질을 인정하지 않고 막연한 자유로움을 추구할 때 인간은 스스로를 부정하고 왜곡하기 쉽습니다.

자신의 상황, 능력, 조건을 객관적으로 바라보고 그에 대한 현실적인 성장을 계획하는 것이 삶을 능동적으로 대하는 일이며 그때 비로소 인간은 선택과 집중할 지점을 올바르게 채택하여 자신의 삶을 힘차게 이끌어 갈 수 있습니다.

한계에 부딪힐 때 마냥 부정하는 것이 아니라, 정직하게 바라보며 그것을 도움닫기로써 활용하겠다는 마음가짐이어야 합니다. 그리하면 현실적인 조건에서도 상황에 지배되지 않고 자신만의 진취적인 태도를 견지할 수 있을 것입니다.

평온함에 대한 비결

자신의 요동치는 감정을 그대로 외부로 드러내는 것을 경계하십시오. 감정은 때때로 판단을 흐리게 하고 대개 상황을 좋지 않은 방향으로 이끄는 과오로 작용합니다. 바꿀 수 있는 것과

바꿀 수 없는 것을 분별하는 관점은 흔들리는 감정을 잠깐 지탱해 주며 우리를 혼란에 빠트리지 않게 도와주는 중요한 기준이 됩니다. 이 관점은 우리가 통제할 수 있는 부분에 집중하게 하고, 통제할 수 없는 부분에 대해서는 수용할 수 있도록 도와줍니다. 이러한 태도는 감정의 파도 속에서도 침착함을 유지하게 하며, 보다 현명한 결정을 내릴 수 있도록 이끌어 줍니다.

이미 벌어진 사실 그 자체에 모든 감정을 쏟아 내지 말고 당장에 필요한 대안에 집중한 다음 천천히 그 감정을 이해하는 시간을 가져보는 것이 중요합니다. 몰아치는 감정은 한 번에 소화하기 어렵습니다. 적절히 여유를 가지며 그 상황을 여러 각도로 바라보는 태도는 우리 인식을 감정의 지배에서 벗어나도록 도와줍니다.

지나간 일에 너무 큰 집착을 하게 되면 과거에 대한 걱정이 미래로까지 이어져 이 현실에 머무르는 힘을 연약하게 만듭니다. 속도를 조절하며 천천히 그 감정을 받아들이는 훈련이 필요합니다. 평온함은 그 자체로 주어진 능력이 아니라 계속된 훈련을 통해 형성되는 것입니다.

비판의 적절한 방식

날카로운 비판은 긴장을 유발하는 효율적인 방식에 불과하며, 건전한 의미의 비판이란 서로를 상처 입히는 것이 아니라 더 큰 동기를 유발하는 자극이 되어야 합니다. 때로 어떤 문장이 그 행위가 아니라 사람 자체를 향하게 될 때면 그 의미는 본질을 벗어나 그저 상대방의 감정만을 다치게 하는 도구로 전락합니다. 따라서 비판의 목적이 비방이 되지 않기 위해서는 방법과 표현을 깊이 고심해야 하는 과정이 필요합니다.

비판은 상대방을 향하는 것이기도 하지만 내 의지와 감정 또는 목적을 전달하려는 내용도 포함하고 있기 때문에 비판의 상대방뿐만이 아니라 화자인 자신 역시도 일종의 책임 의식을 지녀야 합니다. 자리와 위치를 조율하는 것이 중요합니다. 때와 장소를 가리지 않는다면 그 내용이 아무리 건설적인 것이라 하더라도 관계의 긴장이 발생하는 위험이 있기 때문입니다.

적절한 시간과 장소에 대한 합의가 도출된다면 그 이후로 고심해야 할 것은 표현의 방식입니다. 핵심을 전달하기 위해 정말로 핵심만 전달하고 끝나 버린다면 그것은 대화가 아니라 통보에 그치고 맙니다. 따라서 적절한 환기와 주변 설명을 통해 대화의 중심에 도착하기까지

심리적 준비 단계를 거친 뒤, 사람 자체에 대한 지칭이 아니라 그 상황과 문제 중심의 표현을 사용하여 내용을 객관적으로 인식할 수 있도록 도와야 합니다.

아무리 똑똑한 사람이라도 어떤 상황이 자기 일로 닥친다면 대부분 방어적으로 인식하거나 좁은 시야로 결과를 판단해 버리는 실수를 하기 십상입니다. 따라서 전체적인 맥락과 문제의 소재 그리고 개선점에 대해서도 폭넓게 대화를 전개할 수 있는 이해와 노력이 요구됩니다.

인간은 자신이 이해하는 만큼 세상을 볼 수 있으며, 어떤 인간도 자신을 완전히 이해하는 법을 알지 못합니다. 따라서 자신의 맹점을 관계의 상대방과 서로 보완하고, 스스로 헤아릴 수 있는 세계의 범주를 늘리고, 그 인식을 통해 실재적 경험과 방법을 익히는 자세가 중요합니다. 그런 의미에서, 건전한 비판이란 더 깊은 연결이자 확장입니다.

하기 싫은 마음을
이겨 내는 법

하기 싫은 마음을 이겨 내는 방법은 그저 행하는 것입니다. 그러나 이 간단한 한 줄의 문장은 현실에서 쉽게 적용되기 어렵습니다. 그 이유는 시간 그리고 인간의 체력이 한정적이기 때문입니다.

하루 중 최소한의 수면 시간과 식사 시간 등의 필수적인 시간을 제외하면 우리에게 남아 있는 시간은 그리 많지 않으며 체력도 제법 소진되었을 것입니다. 하기 싫다는 마음 자체가 생성되는 것은 실로 어쩔 수 없는 일에 가깝습니다. 그것은 인간이라면 누구나 느끼는 보편적인 감정이자 유혹입니다. 그러나 그 감정이 실제 행동으로 적용되는 것은 경계해야 합니다.

당장의 편안함은 우리에게 즉각적인 느낌이나 만족도를 제공하지만, 우리가 추구하는 일은 대부분 추후의 결실을 예고하는 데 그칩니다. 이것이 우리가 하기 싫은 마음을 쉽게 버티고 극복할 수 없는 가장 큰 원인이라고 볼 수 있습니다. 그럴 때일수록, 오랜 기간 충실한 노력이 쌓여 끝내 성과를 이루는 수확의 기쁨은 잠깐의 쾌락이나 만족보다 훨씬 깊고 진한 것임을 믿어야 합니다.

자신의 노력이 빛을 발한다는 믿음, 그것을 기초로 환경을 조성하고 반복을 이루어 내는 것이 비결입니다. 시작의 기준은 낮추되 노력의 과정을 빈번히 경험하게끔 우리 신체와 마음에 적응할 시간을 주는 것도 좋은 방법입니다.

결심, 즉 자신의 뜻을 확실히 정하여 그것을 추구하는 행위 역시도 순간의 기재(機才)로 끝나면 안 됩니다. 행위가 줄곧 이어져 습관이 되어 내 하루를 살아가는 하나의 철학으로서 자리 잡게 될 때 인간은 자연히 유혹을 뿌리치며 성장을 위한 걸음으로 나아가게 될 것입니다.

이성과 감정의 조율

　이성과 감정이 적절히 조화를 이룰 때 인간의 삶은 생동감이 생기며 안전한 일상을 영위할 수 있습니다. 감정만을 지나치게 억제하는 삶은 일상의 주체적인 태도를 상실할 위험을 지니고 있습니다. 자연스러운 감정을 지나치게 억누른다면 나의 기쁨, 슬픔, 외로움, 분노와 같은 것들이 현실에서 드러나야 할 마땅한 모양과 구실을 찾지 못해 자칫 자신을 소외하거나 타자를 배제하는 등의 왜곡된 현상을 초래할 수 있습니다.

　반면 이성에 너무 기울어 버린 삶은 차갑고 배타적이며 인간 개개인이 지닌 특수성과 개성을 외면한 채로 기준 그 자체에 매몰됩니다. 그리하여 사랑과 배려 같은 우리 삶의 중요한 요소에 대한 개연성을 상실할 수 있는 불완전한 상태로 치닫게 됩니다.

　따라서 이성과 감정은 서로에 대해 폐쇄적인 개념이 아니라 각자의 불완전함을 상쇄하는 중요한 열쇠로서 기능합니다. 이는 마치 한 명의 인간으로서는 미처 다 할 수 없는 복잡한 일인데 다른 사람과 함께 수행하자 가능해진 경험과도 유사합니다. 일종의 협업과도 같은 개념입니다. 비록 자신의 이성과 감정이라고 할지라도 두 가지 요소는 서로 온전히 일치하지 않습니다. 그러므로 적절히 서로가 함께 공동의 일을 추구해 가는 과정 자체를 탐구하는 과정이 요구됩니다.

이성과 감정, 이 두 가지 축이 함께 맞물려 돌아가기 위해서는 몇 가지 요건이 필요합니다. 첫째, 둘 중 하나를 완전히 배제하지 말아야 합니다. 감정은 직관적으로서 순간적인 판단의 기준으로 작용하기에 이는 미처 실재적 근거가 미비한 상태에서도 인간의 경험적인 감각과 기재로 사안을 바라보는 중대한 판단의 재료가 됩니다. 직관의 첫 등장 이후 이성의 판단으로 한 번 더 대상을 검증한다면 이는 실수를 줄이고 안정적인 결정을 하는데 아주 강력한 조력자가 되어 줄 것입니다.

둘째, 둘 중 아무것도 선택할 수 없는 갈등 상태를 피하려면 적당한 시간적 간격을 유지해야 합니다. 따라서 때로는 순수한 즐거움과 슬픔 속에 놓여 있는 것도 삶의 중대한 부분임을 인정하고 그 경험을 억지로 이성의 판단으로 끊거나 가로막는 일은 피하는 것이 좋습니다. 마찬가지로 충분히 이성적으로 들여다보아야 할 사안을 연민이나 개인적인 친분 등의 감정에 휩싸여 왜곡시키지 않는 것도 중요합니다.

셋째, 존재하는 생각이나 감정으로서 적용할 것이 아니라 그것을 글이나 언어로 바꾸어 이해해 보는 습관을 들입니다. 일기를 쓰거나 문장 형태로 기술하는 것은 내 감정의 흐름을 객관적으로 이해하는 데 도움이 되며, 그러한 기록의 축적은 일정한 패턴으로서 특정 갈등을 해소하는 방법을 체감하기에도 유익합니다.

인간은 감정을 단순히 통제하는 것이 아니라 이성과 유기적으로 연결할 때 비로소 자기 삶을 주체적으로 다룰 수 있는 존재가 된다는 것을 기억해 주세요.

우정의 의미

우정이란 연결된 서로의 존재를 통해 진정한 자기 자신을 발견하는 개념입니다. 따라서 좋은 친구 관계를 쌓고 유지해 간다는 것은 특정 목적의식이나 단순 유희를 넘어 우리 삶 속에서 자아를 실현하는 데 유익한 도움을 주는 일이라고도 할 수 있습니다.

좋은 교우관계는 아직 확립되지 않은 자기 자아를 차츰 찾아가도록 돕습니다. 함께 흔들리고 서로 의지하면서 그 경험을 나눈 자들만이 이해할 수 있는 거울이 되어 서로를 비춰 줍니다. 오직 선량한 우정만이 아주 개인적인 경험을 나누는 동시에 나 자신을 객관화하는 역할을 할 수 있습니다.

또한 우정은 자연스러운 관계이면서 그 자체로 유지되는 동력을 지니고 있습니다. 특별한 이해관계를 지니지 않고, 계약 상태에 있는 것도 아니지만 때가 되면 우리는 친구를 그리워합니다. 친구를 위해 헌신적으로 노력하기도 하며, 친구 앞에서는 있는 그대로의 나를 드러내어도 전혀 부끄럽지 않은 자유로움을 경험합니다. 서로를 있는 그대로 받아들일 수 있다는 사실과 붙잡지 않아도 서로 긴밀한 유대를 형성하고 있는 이 경험은 실로 특별하고 소중한 것입니다.

그리하여 우정은 성장을 함께 지속하는 동반자가 됩니다. 중대한 선택에서 나를 지지하는 힘이 되어 주며 때로는 좁은 나의 세계를 확장해 주는 계기가 되기도 합니다. 그 울창한 힘은 정체되지 않고 지속해서 시간과 함께 성숙합니다. 따라서 진정한 의미의 우정은 마치 자신에 대한 애정이 작용하듯 자유로우며, 오랜 기간 서로를 지탱해 주는 튼튼한 심리적 기반과도 같습니다.

나는
스스로를 떠받치는 존재다

자신을 향한 믿음은 자신의 결정을 지지하며 흔들림 없이 그것을 견인하는 굳건한 축이 됩니다. 자신을 믿는 자아는 외부의 확신이 아니라 내부로부터의 확신으로 끝내 자기답게 나아갑니다. 스스로를 믿는다는 것은 타자로부터 얻는 인정과 외부의 근거에 안착하여 주관이 소외되는 현상으로부터 자립한다는 의미입니다. 즉 그것은 고립이 아니라 중심을 잡는 것입니다.

따라서 자신에 대한 신뢰는 단순한 결심의 문제가 아니라 삶을 바라보는 거대한 태도로 이어집니다. 자립이란 세계와 자기 내면을 연결하는 일상의 순리에 대한 재구성입니다. 그렇다면 외부 환경에 의해 흔들리지 않는 '나'를 형성하는 핵심은 어디에서 찾아야만 하는 걸까요. 이러한 물음은 종종 우리에게 인생의 중대한 과업으로 찾아옵니다.

자립한다는 것은 그 자체로 일종의 변동을 요구합니다. 가장 중요한 것은 단기적인 결과물이 아니라 성장의 방향에 대한 믿음입니다. 작금의 상황이 비록 더딜지라도 계속된 상승 과정의 연속이라는 사실을 받아들일 수 있다면, 그것은 단순한 자기 긍정보다도 훨씬 강하게 변화하는 자신을 신뢰하는 이유가 될 것입니다.

또한 자립은 외부 기준에 대한 독립을 의미합니다. 타인의 평가, 보편적인 기준, 근시안적인 성적 등 신뢰의 근거는 다양하지만 적어도 자신에 대한 믿음의 근거는 타인의 손에 맡겨서는 안 됩니다.

괴테는 외부 세계와 끊임없이 상호작용을 하면서도 그 중심은 늘 자기 내부에 있어야 한다고 보았습니다. 따라서 선별적으로 의견을 받아들이는 힘을 기르되, 내 결정의 책임은 자신이 지닐 수 있도록 스스로의 몫을 견지해야 할 것입니다.

고난의 의미

고난이란 피해야 할 대상이 아니라 인간을 형성하는 필연적 과정이자 일부입니다. 어떤 불가항력이 발생하여 나의 의도와 바람과는 다르게 문제를 마주하게 되었다고 할지라도 그 고통에만 사로잡힌다면 인간은 상황이라는 거대한 흐름에 갇혀 그 시련을 넘어서기가 더욱 힘들어지기만 할 것입니다.

괴테의 관점으로 본다면, 시련이란 자기 형성의 재료에 가깝습니다. 따라서 그 시련을 통해 주변의 부산물을 걷어 내고 내가 지금 추구해야 할 대상 그 자체를 발견할 기회를 찾을 수도 있습니다. 이때 고난은 고통의 개념에서 나아가 기존 자신의 상황을 해체하여 더 넓은 가능성으로 향하게 하는 계기로 작용합니다.

즉 고난이란 일종의 자기 촉진제이자 상황을 변화시킬 수 있는 전환점이 될 수도 있습니다. 익숙한 질서가 무너질 때 비로소 진정 소중한 것들이 다시금 내면 깊숙이 점화되듯, 시련에 성숙하게 대처하면 그 균열 속에서 오히려 자신을 명확히 바라볼 수 있습니다.

역경은 어떤 이에게 그저 괴로움의 대상이지만 어떤 이에겐 자기완성의 과정으로서 작용합니다. 그 차이는 결국 상황 그 자체가 아니라 인생을 보다 더 전체적인 관점에서 바라볼 줄 아는 성숙함에 달려 있습니다. 인간은 빛과 어둠, 기쁨과 고통을 모두 포함하는 존재이지요. 따라서 고난을 그저 제거하려는 태도는 오히려 삶을 축소하는 결과를 가져옵니다.

고통을 받아들이고 그것을 삶의 일부이자 과정으로 인식할 때, 그로 인해 자신을 더욱 명확히 바라볼 때 인간은 더 깊고 넓은 존재로 확장됩니다. 이해된 고통은 인간을 성장시키고, 받아들여지지 않은 고통은 계속하여 그 자리에 머물러 있을 뿐입니다.

즐겁게 사는 법

즐거움을 쾌락으로 읽으면 그것은 주로 기분 좋은 상태로 여겨지며 어떤 기분 이외의 경험들은 좋지 않은 것으로 전락할 위험이 있습니다. 따라서 인생을 즐겁게 사는 법이란 쾌락의 여부가 아니라 활력을 기준으로 삼는 것이 더 스스로에게 유용합니다. 즐겁게 사는 것은 자기 자신과 조화를 이룬다는 뜻에 가깝기 때문입니다.

대개 사람들은 외형적인 조건이 아니라 내면의 분쟁으로 괴로움을 경험합니다. 자신이 그것을 왜 해야만 하는지 또는 왜 받아들여야만 하는지 그것을 납득하는 과정이 훈련되지 않으면, 삶은 우리에게 억지를 강요하는 것이라고 여겨질 수밖에 없습니다. 그것은 괴로움을 동반하고 우리는 불행하게 만들겠지요.

다만 자신에게 어떤 의지나 행동을 잘 이해시키도록 연습이 되어 있는 존재는 상황을 무조건적으로 짊어지는 대신에, 그것을 스스로의 선택으로 전환하여 인식할 수 있습니다. 같은 상황이라도 '해야만 하는 일'이 아니라 '내가 선택한 일'로 받아들여지는 순간, 삶은 더 이상

억압이 아니라 자기 몰입의 경험을 선사합니다.

예컨대 선택지가 없어서 할 수밖에는 없을 일과 그 선택에 대한 이유와 근거를 스스로에게 전달하여 그것을 더 잘 이행해 보려고 하는 것의 차이는 그저 견디느냐 아니면 주체적으로 삶을 살아갈 것인가를 결정하는 주된 요소가 됩니다.

이러한 관점은 계속하여 쌓이고 형성되어 내 삶을 지탱하는 태도이자 기준이 됩니다. 처음에는 작은 일에 대한 선택과 이해에서 시작되지만 반복될수록 우리는 점점 더 많은 것을 스스로 인정하고 감당할 수 있게 됩니다. 그리고 그 과정에서 느껴지는 감정은 단순한 쾌락이 아니라, 살아 있다는 감각에 가까운 활력입니다. 바로 그 활력과 몰입의 경험이 삶을 즐겁게 만드는 비결인 것입니다.

타인의 삶에 대하여

인간은 종종 자신의 삶보다 타인의 삶이 더 낫다고 생각합니다. 이를 동경이라고 볼 수도 있겠지요. 하지만 심한 경우, 자기 삶에 대한 결핍으로 이어지기도 합니다. 그러므로 타자의 삶을 향한 관심과 선망이 자기 삶을 해하지 않도록 타자의 삶과 자신의 삶을 건강하게 바라볼 수 있어야 합니다.

언제나 타자의 삶은 부분적으로만 드러납니다. 즉 내가 바라보는 타자의 모습은 지극히 일부에 지나지 않습니다. 그것도 아주 단편적인 부분에 대한 목격에 지나지 않는 경우가 대부분입니다.

아주 반짝이는 불빛이라 하여도, 감히 다른 이의 삶 전체를 그 짧은 순간으로 해석하기는 어렵다는 것을 이해해야 합니다. 반대로 어떤 슬픔과 동정의 장면을 목격하였을지라도 그 이면의 과정과 맥락을 모르고서는 주제넘게 타자를 안타까워하거나 비교하는 것은 올바르지 않습니다.

타자의 삶을 목격하고 자칫 왜곡된 가치를 형성하기

쉬우므로 그 잠깐의 이미지와 상징에 매몰되어서는 안 됩니다. 그렇지 않고 타인의 삶을 그저 부러워하기만 하며 자신의 신세를 한탄하기만 한다면, 정작 우리는 자신의 삶을 살아볼 기회를 미루게 됩니다.

우리가 타자의 삶에서 깊이 들여다보아야 할 것이 있다면, 그 성공이나 실패라는 결괏값이 아니라 그들이 감당해 온 과정과 선택의 장면일 것입니다. 각각의 개별적인 삶은 단편적인 비교를 통해서는 그 가치를 헤아릴 수 없습니다.

그러니 타자의 성공과 불행에서 나 자신의 욕망을 불러일으키는 것이 아니라 그들 삶의 방향성과 내재한 가치를 읽어 내는 깊은 통찰이 필요합니다. 그리하면 타자와 나에 대한 비교는 어떤 우월감이나 낙담이 아니라 내 방향에 대한 올바른 설정과 나 자신을 이해하는 계기로 작용할 수 있습니다. 언제나 중요한 것은 어떤 가치가 형성되기까지의 과정입니다.

아포리즘 42

내 마음에 너무 많은 나

때로 인간의 마음은 너무도 많은 것으로 가득 차 있습니다. 오늘날의 지혜는 그것을 '충분하다', '풍족하다'라고 하지 않습니다. 너무 많은 생각, 너무 많은 이해, 너무도 깊은 고심은 인간의 몸과 마음을 지치게 하고 가난하게 만들기 때문입니다. 세상은 그만큼이나 열정적인 자에게 잔인하곤 합니다.

괴테의 작품 《젊은 베르테르의 슬픔》에서 유독 제 눈길을 끈 문장은 베르테르가 친구에게 쓴 편지 속 한 글귀였습니다.

"사랑하는 친구여, 내 마음처럼 불안정하고 변덕스러운 것을 본 적이 없을 걸세."

어떤 고민은 나를 조금씩 갉아먹곤 합니다. 그것은 내 삶의 요소로서 내 곁에서 진동하며 나를 흔들고 결국 인간을 무너뜨리고 감정에 사로잡혀 비극으로 향하도록 합니다. 괴테가 써 내려갔던 베르테르라는 인물은 인간이라면 누구나 한 번쯤 경험해 보았을 만한 감정과 이성 사이의 조율을 그려 냅니다.

외관상으로 아무리 올곧은 인간이라고 하여도 자신의 내면에는 언제나 바람 앞 촛불처럼 흔들리는 불안정하고 변덕스러운 면이 존재하는 것이지요. 그러한 감정을 잘 추스르고 이성과 조화를 이룰 수 있도록 이끌 수 있다면 다행이지만 슬프게도 베르테르는 감정에 사로잡히고 맙니다.

그것을 비극이라고 볼지 오히려 진실한 일이라고 말할 수 있을지는 문학적 감상과 개개인의 가치관에 맡길 일이라고 해석할 수도 있겠습니다. 다만 그보다 더 중요한 것은, 누구의 인생에나 사소한 사건 하나가 마음에 뿌리를 내리고 있고, 그것이 나를 송두리째 흔들어 놓을 장치가 될 수 있다는 사실입니다.

고로 베르테르의 죽음은 괴테가 언젠가 자신의 마음에 품었던 '나'의 모습일 수도 있고 언젠가 우리 내면에 있던 '열망'이라고 표현할 수도 있을 것입니다. 억눌러 잠재우는 것이 알맞을지, 이 감정을 떨칠 수 없음에 솔직하게 나아가는 것이 알맞을지 실로 누구도 알 수 없는 것이 내 마음속 외침이기 때문이지요.

진정 불안정한 고민이 내 안에 존재할 때, 인간은 고독이 얼마나 소란스러운 것인지를 깨닫게 됩니다. 그것은 정말로 성가신 일이지만 현대의 우울은 그러한 소음을 어떻게 내 언어로 번역하여 이해할 수 있는지와 깊이 연결되어 있습니다. 그러므로 너무 많고 소란스러운 '나'의 이야기를 면밀히 들어 보아야 할 의무가 있습니다.

타고나는가
만들어지는가

대개 사람들은 재능을 타고난 영역이라고 해석하는데, 이는 절반은 맞고 절반은 틀린 관점입니다. 분명 어떤 분야에서 타고난 능력이 중요한 요소로 발현되는 것은 부인할 수 없는 사실이지요. 그러나 타고난 재능을 결과로만 해석하는 것은 지나치게 단순한 접근입니다. 누군가는 타고났고 누군가는 그렇지 못하다는 기준으로 판단하기에는 인간에게는 내재한 재능이 많기 때문입니다.

출발의 차이와 능력의 발현 시기의 차이는 존재할 수 있습니다. 다만 그 재능을 드러내기까지의 시간과 경험의 반복을 간과해서는 안 됩니다. 한편으로 재능은 능력치의 문제가 아니라 지속적으로 다루어지는 방식 그 자체일 수도 있기 때문입니다. 신체 능력이나 감각이 재능이라면 반복과 노력의 관점과 같은 삶의 태도에서 다른 존재보다 특별한 재능을 지닌 사람들도 있습니다.

그러나 모든 재능이 자연 그대로의 상태에서부터 아주 대단한 성장을 보여 주는 것은 아니지요. 저마다 필요한 그 능력을 발휘하기 위해서는 충분한 시간이 있어야 합니다. 그리고 그것은 자신을 깊이 마주하며 어떻게 형성시켜 나가는지에 달린 일입니다.

자기 조율

인생에 그 자체로서의 비극이 있다면 그것은, 인간은 스스로를 있는 그대로 바라보지 못한다는 것입니다. 거울 속의 나는 반대의 '나'이고, 사진과 영상 속의 나도 어떤 장치에 의해 기록되거나 투영된 '나'일 뿐 '있는 그대로의 나'는 아니지요.

우리가 타자를 바라볼 때처럼 자기 자신을 바라보는 것은 불가능합니다. 심지어는 타인을 보는 '나'의 시선에도 수많은 장애물이 있는 그대로의 사실을 가리곤 하지요. 인간은 늘 고정된 실체가 아니라 끊임없이 형성되고 있는 존재이기 때문에 제아무리 자신을 규정하려는 정확한 시도가 있다고 하더라도 그것은 늘 불완전한 것입니다.

우리가 나 자신을 과대평가하거나 과소평가하는 것은 현실을 대상으로 하면서도 자신의 기대가 반영되거나 그 기대와 '오늘의 나' 사이의 간극이 느껴지는 등 인식이 계속 개입되기 때문입니다. 따라서 진정한 의미의 자기 객관화 또는 자기 평가란 있는 그대로의 나를 정확하게 산출하는 것을 목적으로 해서는 안 될 것입니다.

그것은 일종의 끊임없는 수행 과정으로서의 접근입니다. 달리 말하면 자기 존재에 대한 인식은 규정이 아니라 끊임없이 받아들여져 가는 과정의 연속인 셈입니다. 그 어느 시점에서 우리는 부분을 전체로 해석하기도 하고 현재의 일을 지난 과정의 경험으로 왜곡해서 인지하기도 합니다. 그것은 분명 정확하지 않고 어디까지나 사실 그 자체와는 다른 것입니다. 중요한 것은 나를 알고자 하는 그 과정을 충실히 이행하고 있는지에 대한 자기 인식입니다.

결국 자기 객관화란 하나의 결론에 도달하는 일이 아니라, 끊임없이 자신을 수정하고 조율해 가는 태도에 가깝습니다. 우리는 완전히 정확한 자신을 알 수는 없지만, 점점 더 왜곡을 줄여 가며 스스로를 다루는 방식은 배워 갈 수 있습니다. 이때 중요한 것은 '정확한 나'에 도달하는 것이 아니라, 변화하는 자신을 외면하지 않고 지속적으로 마주하는 자세입니다.

오늘을 살아가는 삶

　현재에 집중하기 위해서는 '어째서 이 현재를 벗어나고자 하는지'에 대한 이해가 선행되어야 합니다. 괴테의 관점에서 보면 인간은 생각만으로 삶을 살아가는 것이 아니라 살아가는 과정에서 삶을 형성하는 존재입니다. 따라서 지금 이 순간을 놓친다는 것은 자기 삶을 이루어 낼 경험과 기회를 놓친다는 의미와도 같습니다.

　때로 눈앞의 현실이 아닌 과거 또는 미래의 시점으로 자신이 통제할 수 없는 영역에 마음이 쏠리는 경험을 한 적이 있을 것입니다. 그것은 나의 목표와 현재 사이를 이어 줄 구체적인 연결고리가 부재하기 때문이지요.

　인간은 흔히 그 연결의 부재를 찾기 위해서 놀라운 방법이나 큰 깨달음이 필요하다고 느끼는데, 실은 언제나 내가 행사할 수 있는 영향력은 늘 지금 이 순간에 있음을 떠올려야 할 것입니다. 삶은 여전히 진행되고 있는데 정작 스스로가 그 순간에 참여할 수 없다면 특별한 순간도 완벽한 기회도 포착할 수 없는 상태에 놓이고 맙니다.

　매번 똑같은 오늘이라고 할지라도 그 순간에 얼마나

몰입하는가에 따라서 경험의 밀도는 변화되며 그 순간
으로 인해 이후 출현할 또 다른 현재의 질이 바뀌게 됩
니다. 결국 바라는 목표와 오늘을 이어 주는 열쇠는 지금
내가 할 수 있는 범위 내의 행동입니다.

스스로 행할 수 있는 오늘의 행위 중 가장 밀도 높은
행동을 선택하여 그 구체적 내용을 지속하세요. 오늘 자
신의 행동이 만든 가치가 차곡차곡 쌓여 나의 미래가 된
다는 사실을 기억해야 합니다.

미워하는 감정
다스리기

감정은 억누른다고 해소되지 않습니다. 그것은 이해될 때 비로소 흘러갑니다. 미움의 근원적 사유는 외부 세계의 문제가 아니라 내면의 기준에 의해 규정됩니다. 그것은 일종의 자기 기준과 외부의 대상 사이의 차이와 같은 간극으로 발생하는 신호와도 같습니다. 따라서 그 감정을 다스린다는 것은 미움이라는 신호가 자신의 어떤 기준을 흔들어 놓았는지 알아 가고자 하는 과정에 있습니다.

감정 자체와 일어난 사실 자체를 분리하여 바라보면 성급하게 그 감정에 휩쓸려 가는 것을 방지할 수 있으며 천천히 일련의 자기 인식의 과정을 통해서 그 감정을 들여다볼 여유를 지닐 수 있습니다. 즉 미움이라는 것은 제거하는 것이 아니라 이해할 수 있는 상태로 전화하고 그것을 나쁜 감정이 아닌 하나의 신호 체계로 인식하는 훈련으로 받아들일 수 있어야 합니다.

결국 미워한다는 감정으로부터도 우리는 자신이 어떤 존재인지 더 깊이 이해할 기회를 발견할 수 있습니다. 그

것은 자신에게 더욱 솔직해진다는 뜻이며 보다 그 감정
으로부터 나를 공고히 할 수 있을 때 스스로에 대한 자
긍심도 일깨울 수 있을 것입니다.

단순하게 사는 법

삶은 이해하려 할수록 어려워지고 그저 살아낼수록 단순해집니다. 인간은 때로 모든 것을 이해한 다음 어떤 행동을 이행할 수 있다고 믿지만 삶은 그러한 과정에서도 그저 계속 흘러갈 따름입니다.

주변의 상황은 변하고 심지어는 내가 믿던 진실도 바뀔 수 있습니다. 따라서 인생이란 계속해서 알 수 없는 것들의 영역이 늘어날 뿐, 완전히 해석할 수 없는 영역이라는 의미입니다.

중요한 것은 완벽한 납득과 복잡한 것에 대한 철저한 뜻매김이 아니라 불완전함 속에서도 기꺼이 움직일 수 있는 활력입니다.

감정은 지나가며 시간은 흐를 뿐입니다. 그 안에서 자신을 잃지 않기 위해서는 생각이 아니라 단순한 일 자체에 정성을 쏟을 수 있어야 합니다. 일상에서 마주하는 작은 일에 집중하면, 마음의 평온을 찾을 수 있습니다.

때로 인생은 더하는 것이 아니라 덜어 낼 때 더 명료해집니다. 생각을 내려놓고 설명하는 것이 아니라 그저

해야 할 일에 집중하면, 복잡한 지점이 사라지고 나아가
야 할 지점이 확실해지는 순간을 경험하게 될 것입니다.

아포리즘 48

관계는
언제나 미완성이다

인간은 왜 타인을 깊이 이해하기도 전에 쉽게 결론에 도달하는 것일까요. 우리는 때로 상대방의 첫인상, 짧은 한마디, 순간의 태도와 같은 단편적인 정보만으로도 그 사람의 성격이나 의도를 규정해 버리곤 합니다. 이러한 성급한 판단은 주의해야 할 태도입니다.

이러한 성급한 판단은 인간이 지닌 인식의 한계에서 비롯된 것이지요. 우리는 결국 상대방의 진의를 판단하기 위하여 자신의 경험과 기준을 통해 그것을 해석할 수밖에는 없습니다. 즉 타인을 굳게 믿는 와중에도 실은 그 대상을 자기 내부에 존재하는 기준과 틀에 입각해 판단하고 규정하는 과정이 이루어지는 것입니다.

그것은 일종의 재구조화된 이미지이자, 상대방의 특정 부분에 대한 나의 판단이므로 진실과 사실의 중간쯤에 존재하는 모호한 결론입니다. 단순화되고 일반화된 것은 복잡한 사유보다 먼저 나에게 확실한 정보를 제공하지만, 한편으론 언제나 자신의 그러한 판단이 더욱더 지속적인 관찰을 요구하는 미완성의 사고임을 관철할 수 있어야 합니다.

실제로 한 명의 인간을 이해하는 데 필요한 시간은 단편적인 대화나 짧은 만남으로는 부족합니다. 그러나 오늘날 우리는 그러한 긴 여유와 지속적 만남을 위한 시간적 여유와 체력이 부족하므로 불확실성을 최소화하며 빠르게 정보를 습득하는 방식으로 어느 정도의 효율을 추구할 수밖에 없습니다.

그러한 시간 제약과 경험의 한계로 인하여 우리는 상대방을 어느 정도 오해할 수밖에 없지요. 인간은 본능적으로 정의하고 분류하고 판단하는 존재이기 때문에 이러한 판단의 한계는 어쩌면 자연스러운 것이지만 그럼에도 그러한 한계에 대한 보완으로서 자기성찰을 수행할 수 있어야 합니다. 언제나 우리가 내리는 판단은 해석의 결과임을 인식해야 하며 그것은 절대적 기준이 아니라 수정이 가능한 과도기적 상태임을 기억해야 할 것입니다.

그것은 불완전한 정의로서 스스로에게 어느 정도의 불편함을 유발할지는 알 수 없습니다. 다만 그 불완전함을 견디고 이해해 보고자 하는 일이 깊은 관계로의 시작임을 인지한다면 비로소 타인을 해석하는 일과 자신의

판단을 다시 성찰하는 일의 가치를 깨달을 수 있을 것입
니다.

고통을
객관적으로 바라보는 일

고통은 이따금 자신을 한 단계 더 높은 차원으로 이끌어 주는 계기로 작용합니다. 그 의미를 어렴풋이 포착할 때 고통이라는 감각은 우리를 일깨워 주는 성장의 계기로 작용합니다. 다만 그것을 성장의 동력으로 바꾸는 일은 상당한 노력과 훈련이 필요합니다.

고뇌를 삶의 일부로서 받아들이며 자기 행동의 전환점으로 삼거나 형성의 재료로서 이해하는 일은 결과론적으로는 인생에 있어 상당한 긍정적인 행위로 작용합니다. 다만 누구나 자연스럽게 그 과정을 이행할 수 있는 것은 아닙니다. 핵심은 고통과 그것을 받아들이는 일 사이의 간극을 이어 주는 것입니다.

현재 자신이 경험하고 있는 이 감정에 대해 제삼자처럼 거리를 두어 객관적으로 고려하며 관찰하는 시간이 필요합니다. 단순히 '삶은 어렵다'라고 그 문제를 일차원적으로 받아들이기보다는 '이 문제는 어디에서 출발하여 왜 나에게 일어났는지'를 다각도로 바라보는 과정이 필요합니다.

동시에 이유와 문제 그 자체를 분리하여 바라볼 수 있을 때 비로소 고통의 감각과 사실 그 자체를 제대로 이해할 수 있게 되는 것입니다. 다만 이 과정은 자기 자신의 주체적 인식과 사안에 대한 객관적인 태도가 동시 이행 관계에 있으므로 감정과 이성의 적절한 조화가 필요합니다. 본디 자아란 경험보다 위에 존재하고 있을 때 하나의 사안에 매몰되지 않고 더 멀리 그리고 자세히 삶을 바라볼 수 있기 때문입니다.

삶에는 객관적 사실과 어떤 일에 대한 개인의 인식이 모두 중요합니다. 그 때문에 우리 삶은 지속적으로 고통을 현상으로 바라보면서도 자기 감정에 대한 애정을 품는 태도가 필요합니다.

가족과 나

전통적 관점에서 가족이란 스스로 선택할 수 없고 이미 형성되어 있는 형태의 집단입니다. 인간이 태어나고 살아가면서 가장 많은 교류가 오가고 잦은 일상의 관계를 경험하게 되는 대상이 바로 가족이지요. 온전히 이해하기 전에 이미 정신적으로 얽혀 있기 때문에 자신의 정체성과 가족으로서의 내부 통제, 가족들과의 적절한 유대와 거리감 같은 것을 조절하는 데 어려움이 있을 수 있습니다.

가장 첫 번째로 보고 배우는 대상이 가족이며 동시에 가족은 우리가 끝내 마지막까지 헤아리지 못하는 미지의 대상이기도 합니다. 그것은 인간의 존재적 한계로, 한 명의 개인은 다른 이를 완벽히 알 수 없기에 겪는 고충이지요.

언젠가부터 가족의 일부가 답답하게 느껴지고 그들의 행동이나 생각이 와닿지 않는 경험을 한 적이 있을 겁니다. 그러나 동시에 언젠가부터 가족을 한 명의 유일한 존재가 아니라 내가 바꾸려고 시도하는 대상이나 나와 같은 태도, 방식을 고수해야 하는 대상으로, 심지어는 나와 동일시하여 바라보지는 않았던가요. 너무 가까이에서 자주 보았기 때문에 가끔 우리는 가족이 나와는 다른 사람이라는 것을 잊어버리곤 합니다.

가족의 구성원을 나에게 맞는 방식으로 변화시키는 것이 아니라, 그들 각자의 삶을 존중하고 교류할 존재로 인식해야 할 것입니다. 태어나서 처음 우리에게 어렴풋하고도 분명한 사랑의 가치를 알려 주었던 대상에 대하여, 나 자신도 그를 한 명의 유일한 정체성을 지닌 존재로서 존중할 수 있어야 합니다.

조율하는 존재

성숙함이란 적절한 거리를 유지하는 일에서부터 비롯
됩니다. 인간은 본능적으로 감정과 긴밀하게 연루되고자
애쓰기 때문에 어느 순간 그 감정에 휘말리며 자신과 감
정을 동일시하게 됩니다.

그러나 자기 자신과 자기의 감정 사이에도 적절한 거
리가 있습니다. 감정을 충실히 이해하고자 노력하는 일
은 결코 그 감정과 완전히 하나가 되라는 의미는 아닙니
다. 어떤 기분 또는 생각에 완전히 잠식된 인간은 그것
이외의 것을 제대로 바라보지 못하며 심지어는 그 기분
과 생각마저도 오해하게 됩니다. 그것은 공교롭게도 감
정의 해석이 아니라 억압으로 작용하게 되며 결국 성숙
함과는 멀어지게 됩니다.

인간은 냉철함을 적절히 활용하여 자기감정에 지나치
게 매몰되는 일을 경계해야 합니다. 자기감정에서 너무
멀어지면 지나치게 냉소적인 인간이 되며 반대로 너무
가깝게 다가서면 왜곡된 자아를 경험하게 됩니다. 그러
므로 균형과 간격의 적절함을 유지하는 것은 있는 그대

로의 자신을 바라보기 위한 소중한 기반이 됩니다. 인간은 언제나 자신에게 있어서 자신과 외부 세계의 간격을 조율하는 존재로 작용한다는 사실을 기억해야 합니다.

일과 생활의 경계에서

삶의 중심은 특별한 사건이 아니라 반복되는 일상을 통해 완성됩니다. 일은 우리가 개인의 시간처럼 시간을 자유롭게 보내는 방식이 아니라 일정한 규범 아래서 나의 노력을 노동력으로 바꾸어서 제공하는 것이지요. 따라서 일이라는 것은 본질적으로 내가 원하는 것만을 선택적으로 골라서 행할 수 없으므로 크고 작은 스트레스를 만들어 낼 수밖에 없는 것입니다.

일이란 마치 삶과는 분리된 또 하나의 영역이라고 인지되기 쉽습니다만 실상은 일이든 일상이든 삶의 태도는 균일하게 두 대상을 관통하곤 합니다. 일을 견뎌 내는 시간이라고 생각하면 일상은 그것에 대한 반대급부로서 쾌락과 이익만을 좇게 됩니다. 그 경우, 일과 삶의 균형은 무너지며 긴장이 고조될 수밖에는 없는 것입니다.

일과 생활의 경계를 구분 짓는 것에서도 스위치를 켜고 끄듯 완전히 그것에 대한 태도를 뒤바꾸는 것이 아니라 나의 적절한 기준을 지속적으로 행사하며 삶을 이끌어 가는 것이 훨씬 더 유용합니다. 이를테면 업무의 적정선에 대한 기준은 일상생활에서 스스로 절제하는 기준과도 유사하게 적용되며, 계속해서 같은 리듬으로 반복되는 하루를 맞이할 수 있어야 합니다. 결국 '업무상의 나'와 '일상의 나'도 같은 인간이기 때문에 둘의 자아를 온전히 분리하거나 적대시하며 해석할 필요는 없는 것입니다.

진정한 스승이란
어떤 존재인가

진정한 스승이란 새로운 정보를 알려 주거나 이익을 제공하는 존재만이 아닙니다. 기존에 자신이 지니고 있던 생각에 합리적인 균열을 일으켜 세상에 대한 관점을 넓혀 주는 존재입니다. 그것은 실상 애매한 물음과 답을 제공하는 사람으로 느껴질 수도 있으나 오히려 그 어색함과 불편함에서 인간은 큰 깨달음을 얻을 수 있습니다.

즉각적이고 명확한 보상에 대한 확신을 주는 자는 스승이 아니라 자신의 이상을 관철하는 자이며 장사꾼에 가깝습니다. 스승은 함부로 단정 짓지 않습니다. 다만 시간이 지나면서 자연스레 내가 그를 스승으로서 추앙하게 되는 것입니다. 무엇이 옳은지에 대한 확신이 아니라, 스스로 무엇이 옳은지 분별할 수 있는 기준을 형성하도록 돕는 자가 진정한 스승입니다.

필연적으로
나를 넘어선다

인간은 계속하여 자신을 만들어 갑니다. 고로 인간은 완성된 존재가 아니라 끊임없이 자신을 넘어서는 존재라고 할 수 있습니다. 그것은 미래 어느 고정된 시점이나 대상을 목적으로 나아간다는 의미는 아닙니다. 그저 이 순간에서 다음으로 나아가는 과정에 대하여, 오늘보다는 내일 더 성숙한 의미로서 자기 삶을 바라볼 수 있음을 의미하며 그 행위를 계속하여 지속할 수 있는 믿음을 지닌다는 뜻입니다.

그리하여 매일이 자기 갱신의 기회이며 아침에 눈을 뜨면 우리는 또 한 번 자신을 초월할 기회를 지니게 됩니다. 구태여 무언가를 더 잘하거나 더 많이 소유할 필요는 없습니다. 다만 자기감정에 귀 기울이면서도 질서 있게 그것을 통제할 수 있어야 하며 늘 한결같아 보이면서도 그 의식은 더 깊고 건강한 구조를 형성하고 있어야 하는 것입니다.

이때 모든 것은 재구성될 수 있습니다. 동일한 상황을 보다 더 가치 있는 방향으로 전환할 수 있고 흔들리는 감정 앞에서도 자신의 의지를 더 공고히 할 가치관을 지지해 줄 수도 있습니다. 완벽하기 위하여 애쓰지 않고 그저 두려움 앞에서도 자기 자신으로서의 길을 걷는다면 그 걸음 앞에 망설임은 없을 것입니다.

기다림의 의미

흔히 사람들은 기다림에 대하여 수동적인 상태로 멈춰 있는 정적인 태도를 떠올립니다. 괴테의 관점에서 기다림이란 단순히 시간적으로 지연되는 상태를 의미하지 않습니다. 실제 인간의 감정, 태도, 인식을 가장 분명하고 적극적으로 드러내 주는 상태가 바로 기다림입니다.

기다림에 대한 건강한 인식은 결과가 늦어지는 것에 대한 불안이 아니라 그 결과를 받아들이기 위해 지속적으로 자신을 다스리는 마음가짐인 것입니다. 그것은 어떤 목표에 대한 간절한 기다림일 수도 있고 관계에 대한 소망일 수도 있으며 자기 자신이 바라는 스스로에 대한 깨달음에 대한 것일 수도 있습니다. 즉 기다림은 적극적으로 자기의 마음가짐 안에서 나의 방향성을 지지해 줄 수 있도록 인내하는 것임을 기억해야 할 것입니다.

작은 결정이 모여
나를 이룬다

순간의 선택이 쌓여 인간의 삶이 구성됩니다. 그러나 대부분의 선택은 어떤 확신으로 이루어지는 것이 아니라, 어느 정도의 근거와 모호한 감각에 의존하여 이루어지게 되지요. 때로 어떤 선택은 너무나 큰 숙제로 느껴져서 좀처럼 아무것도 결정하지 못하고 그저 도망치고 싶은 기분이 들기도 합니다. 하지만 그것은 자연스러운 것이지요.

인간은 항상 좋은 선택, 올바른 선택만 하며 살아갈 수가 없습니다. 그 당시의 한정된 경험으로 형성된 시각으로 바라보기 때문에 아무리 고심한다고 해도 지나고 보면 내 결정이 아쉽게 느껴지기도 합니다. 다만 올바른 선택은 완벽한 답을 정하는 것만을 의미하지는 않습니다.

선택에 앞서 한 인간으로서 할 수 있는 것은 이성과 감정의 균형을 적절히 유지하고 너무 조급하지 않게 시야를 조금 멀리 혹은 주변으로 확장하여 돌아보는 정도입니다. 중요한 것은 그 선택에 대한 나의 결정도 나름의 가치가 있으므로 지지하고 교육과 경험으로 삼아 새로운 선택에 그것을 적절히 적용하는 것입니다.

그럼에도 선택을 하기 전에 다음의 몇 가지 항목을 체크리스트처럼 활용해 보면 분명 어느 정도 도움이 될 것입니다.

첫째, 나를 더 성장시키는 선택인가.

둘째, 이성과 감정은 이 선택에 각각 어떻게 반응하는가.

셋째, 실현 가능성이 있는가.

넷째, 단기적 목적의 선택인가 장기적인 투자인가.

다섯째, 지금 이 선택은 진실로 누구를 위한 것인가.

슬기롭게 권태에
대처하는 법

익숙함에 미묘한 틈이 생기면 권태로 이어질 수 있습니다. 그러나 익숙함과 권태는 내가 그것을 바라보는 아주 작은 차이에서 오는 결과이지, 내가 바라보는 환경이나 대상이 본질적으로 달려졌다는 의미는 아닙니다. 그 미세한 감각의 차이를 어떻게 해석하느냐에 따라 권태를 슬기롭게 대처하는지가 결정됩니다.

우리가 흔히 빠지는 착각이 있다면 익숙함에 새로움이 없다는 인식입니다. 우리가 바라보는 모든 감각, 일상, 환경이 아무리 익숙할지라도 매번 새롭고 처음으로 내 앞에 존재하는 것입니다. 다만 그것을 과거의 경험으로 스스로 익숙하다고 느낄 뿐입니다.

새로움에 대한 발견은 놀라운 대상 자체를 찾아 헤매는 것이 아니라 아주 당연하다고 생각했던 것에서 스스로 미처 인지하지 못했던 신선함을 읽어 내는 일인 것입니다. 즉 환경의 차이나 대상 그 자체의 변화가 아니라 그것에 대한 자신의 적극적 의욕이 권태를 극복하게 하는 방법인 셈입니다. 다시 바라보고 달리 바라보고 멀리에서도 바라보면 익숙한 것들도 저마다 새롭게 반짝이고 있음을 깨달을 수 있습니다.

권태란 우리가 바라보는 대상 자체가 빛을 잃은 것이 아니라 내 안의 무언가가 힘을 소진해 버린 상태입니다. 그 따분함에 다시 기력을 불러일으키기 위해서는 주변이 아니라 자신에 대한 관찰로 새삼스러움을 발견하는 일이 더욱 중요할 것입니다. 그것은 급하게 갈구한다고 하여서 쉽게 드러나는 것은 아니지요. 어쩌면 느긋한 마음으로 이 안정을 누리며 천천히 자기 내면의 새로운 욕구에 대해서 들여다보는 일은 권태에 대한 아주 효과적이고 자연스러운 대처법일 것입니다.

온전히 내가 되는 일

인간의 괴로움은 스스로 자기를 형성하지 못하고 타인의 생각에서 자기를 구성할 때 찾아옵니다. 이러한 문제는 오늘날 타인의 시선을 불편해하면서도 타인의 관심과 평가를 갈구하는 아이러니와 깊게 연관되어 있습니다.

인간은 홀로 존재할 수 없는 사회적 존재로 진화해 왔습니다. 인간은 본래 사회적 관계 속에서 살아가며, 타인과의 상호작용을 통해 자신의 존재를 확인하고 발전시켜 왔습니다. 이러한 사회적 관계는 인간의 삶에 필수적이며, 서로 간의 유대와 협력을 통해 공동체를 형성하고 유지하는 데 중요한 역할을 합니다.

그럴수록 우리에게 필요한 것은 사회적인 나의 정체성이 아니라 있는 그대로의 나를 발견하고 그것을 자신의 중심으로 삼을 수 있는 자긍심이라고 볼 수 있습니다. 사회적 관계 속에서 우리는 종종 타인의 기대나 사회적 기준에 맞추어 자신의 정체성을 형성하려고 합니다. 그러나 진정한 자아를 찾기 위해서는 외부의 시선이 아닌,

자신의 내면을 탐구하고 그 안에서 자긍심을 찾는 것이 중요합니다.

기준은 외부 세계가 아니라 나의 내면에서 충분히 그 역할을 할 때 온전한 내가 될 수 있도록 우리에게 힘을 보태 줍니다. 누군가의 평가, 타인이 나에 대해 어떻게 생각할지에 대한 두려움, 인정욕구 등 그러한 모든 외부적 가치에 대한 고려는 우선 자기 내면의 기준과 성찰 이후에 존재할 때 우리 삶에서 건강한 방식으로 작용하고 해소될 수 있습니다. 자기 내면의 기준을 확립함으로써 우리는 외부의 압력에 흔들리지 않고, 자신의 가치관에 따라 삶을 이끌어 나갈 수 있습니다. 이는 궁극적으로 우리에게 진정한 자유와 만족을 가져다줍니다.

혼자여도
외롭지 않다

고독은 무언가에 대한 결핍이 아니라 나와 마주하는 조건입니다. 나의 생각과 감각에 충분히 귀를 기울이며, 우리가 마침내 자신을 조우하는 시간이 바로 고독인 것입니다. 아무것도 채우지 않아도 아쉬움이 없고 무엇을 더 고려하지 않아도 불편하지 않은 상태 그저 자신의 감정과 생각이 흘러가는 것을 자연처럼 유유히 바라보는 일입니다.

고독은 관계의 과잉과 복잡함으로 이루어진 세계에서 우리가 가끔 자유로워지는 순간을 만끽하는 행위입니다. 혼자 있는 것은 자신과 왜곡 없이, 방해 없이 함께 머무를 수 있는 소중한 경험입니다.

우리에게 과잉으로 여겨졌던 것들이 사라지고 난 뒤에 끝내 내 곁에 머무르는 것은 비로소 나, 마침내 나입니다. 고독이란 비어 있는 것이 아니라 나로 가득 찬 상태입니다.

끝내 남는 것에 대하여

인간은 인생을 완주한 뒤에 무엇을 남기게 될까요. 일생을 끊임없이 갈구했고, 쌓아 왔고, 버텼고, 지속했습니다. 그리하여 우리가 눈을 감게 될 때 우리가 사랑했던 사람들은 나를 어떻게 떠올리게 될까요. 어쩌면 이 물음에 대한 올바른 답을 얻기 위하여 우리가 존재하는 것은 아닐까요.

인간은 때로 후회를 하고 때로 방황을 합니다. 삶의 여정에서 수많은 선택의 기로에 서게 되며, 그 과정에서 실수와 잘못된 판단을 하기도 합니다. 그러나 그것을 바로잡을 기회를 얻게 되며 마침내 올바른 삶의 방향을 설정해 나아갑니다. 그 와중에도 버려지지 않는 나만의 철학, 관점, 기준 바로 그것들은 일생 나를 지탱해 주는 기둥이 되며 주변에 나라는 사람에 대한 느낌을 고조시킵니다.

그 모든 것을 경험하고 난 뒤 여전히 유지되는 것은 무엇일까요. 끝내 남는 것, 내가 자연으로 돌아간 뒤에도 나를 기억하고 정의해 주는 것, 그것은 얼마나 멋진 성취를 했는가 하는 것이 아닙니다. 끝내 무엇을 지켜 냈는지가 기억될 뿐입니다.

인간은 결국 자신이 끝까지 지켜 낸 삶의 방식으로서 영원히 기억됩니다. 이는 우리가 어떤 사람으로 살아왔는지를 보여주는 가장 강력한 흔적이며 진정한 의미에서의 유산입니다.

괴테
아포리즘

초판 1쇄 인쇄 2026년 5월 1일
초판 1쇄 발행 2026년 5월 5일

지은이 김민준
책임편집 하진수
디자인 그별
펴낸이 남기성

펴낸곳 주식회사 자화상
인쇄,제작 데이타링크
출판사등록 신고번호 제 2016-000312호
주소 경기도 고양시 덕양구 꽃마을로 34, 1006호,1007호(향동동, DMC스타팰리스)
대표전화 (070) 7555-9653
이메일 sung0278@naver.com

ISBN 979-11-94440-20-8 03160